Rodolfo Livingston

Anatomía del sapo
y otros asuntos

Rodolfo Livingston

Anatomía del sapo
y otros asuntos

astralib

cooperativa editora

© Anatomía del sapo: 2002
© De esta edición: Astralib, 2002
Agrelo 3923, (C1224ABQ) Buenos Aires
astralib@hotmail.com

ISBN: 987-20526-0-3
Hecho el depósito que indica la ley 11.723
Impreso en la Argentina. *Printed in Argentina*

Diseño de colección:
  María Isabel Barutti
Cubierta e interior:
  María Isabel Barutti
Imágenes de cubierta:
  Sapo, *Analía López Aramburu*
  Mundo, *María Isabel Barutti*
Fotos de interior:
  Rodolfo Livingston
Edición:
  Mariana López Aramburu - Gogo Morete - Miguel Ángel Yebra
Corrección:
  Gabriela Berajá

A modo de presentación

Los **Cuadernos de la Costa***, nacen como una necesidad, pero con la pretensión de transformarse en una propuesta.*
Necesidad, porque creemos encontrarnos en un naufragio, nuestro básico instinto de supervivencia, nos exige una respuesta correcta e inmediata: salir de esta situación. Pero, acá la amplitud de la idea: ¿cómo?, ¿con qué?, ¿hacia dónde?
No todos queremos llegar a la misma costa, ni estamos dispuestos al mismo sacrificio. Por eso en esta colección diferentes autores, nos acercan su propuesta y nosotros como editores la instrumentamos en el soporte que más nos gusta, el libro en papel.
Somos una editorial cooperativa, y cada uno de los que la integramos soñamos con un país donde valga la pena que nuestros hijos vivan. Por eso esta colección.
Para que sepamos que todavía hay futuro, porque aún hay gente que sueña.
Los cuadernos son de la costa *porque entendemos haber arribado, en este viaje conducido por los autores, a costas posibles. Podrían haber sido del* ahogado*, si no hubiésemos tenido* proyecto *o* convicción *o* llamarse *hacia la* costa*, si sólo se tratase del presente. Pero son de* la costa*. Porque salir del naufragio, será una gesta épica. Pero para llegar es necesario un sueño grandioso.*
Para los grandes logros son necesarios los hombres" concretos" que laburen de sol a sol para materializarlos. Y los soñadores, para imaginarlos. Juntos son invencibles y propietarios de forjar su destino, que es lo que necesita " Nuestra América sojuzgada".
Un proyecto propio, justo, digno, construido sobre la ética y de costa a costa.

astralib - COOPERATIVA EDITORA

Para Ana Livingston,
mi hija adorada.

Índice

Prólogo

El inicio del libro, representado por el animalito de la tapa, es un intento por comprender cómo fue posible que la mayor parte de la humanidad se tragara el sapo del "libre mercado" durante una década completa.

Lo demás son temas variados que atraen mi atención a partir de un congreso de periodistas latinoamericanos celebrado en La Habana, en octubre del 2001, al que tuve el privilegio de asistir junto a mi mujer, Nidia Marinaro.

En esa ocasión conocimos a Rogelio Polanco y a Rosa Miriam Elizalde, director y vicedirectora del diario cubano Juventud Rebelde, *(www.jrebelde.cubaweb.cu) quienes me invitaron a participar en su diario como columnista semanal, con un pago de 1,50 dólares por nota, lo que acepté alborozado." Escribe de lo que se te ocurra en el momento" me dijo Rosa Miriam y así lo vengo haciendo desde entonces con mucho placer. Este es hasta hoy, el resultado.*

Queda por explicar qué hace entre estas crónicas un personaje como Excalibur que no se relaciona con nada. No tengo la menor idea, se me coló nomás entre las notas. Quizás ingrese en una futura (y primera) novela.

Las crónicas que contiene este libro son buenas para reírse y para pensar un poco, preferiblemente durante un viaje, antes o después de las comidas. Puede leerse salteado.
No se observan contraindicaciones.

El autor

Un enano alto

Sería interesante que algún semiólogo nos ayude descifrar el sentido de los nuevos términos que afloran en época de elecciones vernáculas. Los candidatos a candidatos no son propuestos, sino que *se suben* o *se bajan* de lo que pareciera ser un tren en marcha antes que una "carga pública". Los aspirantes entran *por fuera* o *por dentro* y hablan todo el tiempo de escenarios, como si todo fuera un teatro. ¿No será verdad? Pero lo más notable es lo de las "internas abiertas", que viene a ser algo así como un enano alto.

Anatomía del sapo

(Del sapo que le hicieron tragar a media humanidad.)

Lo más difícil de comprender no es la existencia del sistema neoliberal, sino que tantos millones de personas se lo hayan creído.

El estómago para tragar el sapo es preparado con la información que nos inyectan, diariamente, durante años. El levantamiento de Chiapas ocupó 40 segundos en los medios mexicanos, mientras que, el mismo día, le fueron adjudicados 90 a un perro atrapado en el fondo de un pozo. Y no hablemos de los millones de litros de tinta consumidos por las aventuras de Clinton en los baños de la Casa Blanca, la farándula local e internacional y los crímenes, todo intercalado histéricamente con "la tanda".

Mucha gente cree que está informada "minuto a minuto", por medio de satélites, "móviles" y otras urgencias, precedidas por el toque de clarines cuando, en realidad, casi nadie entiende lo que ocurre, ni lo conecta. Recuerdo la expresión de un señor que desplegaba ante sus ojos impávidos la enorme portada del diario *La Razón*, en un subterráneo de Buenos Aires... "ANSIEDAD EN YACARTA", rezaba el titular. Y era evidente que ninguno de los que estábamos en el vagón sabíamos donde quedaba Yacarta y mucho menos por qué ese día había ansiedad allí. Pero estamos acostumbrados a no entender y a seguir viaje como si nada.

Los economistas

A esto se suma el invento omnipresente de una nueva especie llamada "los economistas". "Yo de economía no entiendo nada", dicen los locutores antes de entrevistar infinitamente, todos los días, a toda hora, a unos plomazos que tampoco entienden nada. "Economía" (de *oikos,* casa y *no-mos,* orden) quiere decir "distribuir con acierto", un asunto fuera del interés de estos "expertos". Ellos solo hablan de tasas, bolsas que caen y suben misteriosamente y otros epi-fenómenos. Sería lo mismo que los escritores hablaran durante años y años solo de pretéritos pluscuamperfectos, adverbios de lugar y conjugaciones. Y nos hicieran creer a todos que eso es la literatura.

Darwin es inocente

Pero la desinformación permanente no alcanza para explicar la credibilidad en la propuesta neoliberal desde Alaska hasta Tierra del Fuego, pasando por Europa completa, durante 20 años. El cuentito de que "las fuerzas del mercado en libertad de acción son el mejor camino hacia el bienestar general" (originada en el *laissez faire, laissez passer,* del siglo XVIII) es una idea atractiva por la supuesta falta de controles, que a nadie le gustan. Surgió de un traspaso rápido y casi invisible, al estilo de los magos, de la biología a las ciencias sociales, algo que Darwin no propuso jamás: *"Si el equilibrio de la naturaleza es consecuencia directa de la lucha por la supervivencia del más apto, lo mismo ocurrirá con la economía"* (darwinismo social).

En este punto, muy poco revisado por cierto, (los sapos se tragan enteros) se apoya todo el andamiaje liberal. Según esta trasposición veloz, la competencia entre un pull de multinacionales y un pequeño productor argentino, vendría a ser lo mismo que el combate entre dos ciervos por una hembra. Que gane el más apto y todo irá bien.

La armonía en lugar de la lucha

No es en el predominio brutal del más fuerte donde reside el milagro del universo, sino en la unión armónica e inteligente de sus partes.

Los átomos se unen formando las moléculas, y estas, a su vez, los órganos de animales asombrosos y disímiles como una langosta de mar, un pájaro, un hombre. Los animales son (¡somos!) interdependientes con el reino vegetal, ampliándose todo hasta llegar a las estrellas, hechas con los mismos átomos que forman la tinta de estas letras.

Pero al Comité Central de Administración del Mundo (F.M.I., B.M., EE.UU.), representado ante nosotros por un hindú narigón (¡!), no le gusta que refuten su desvencijado paradigma. Según él, necesitamos "ayuda" para remediar lo mal que aplicamos "la libertad de los mercados".

Se le presenta un solo problema: nos estamos avivando.

LA NACION

El i
Hoy:
co y
Mini
ción

Interior $ 0,20   Buenos Aires, miércoles 8 de abril de 1998   Añc

iro

Temen que la política afecte la economía

715,83
71
709,97
-7,96

*Titular del diario La Nación
del miércoles 8 de abril de 1998.*

Anatomía del sapo II

Algunas veces la verdad se escapa entre las letras,
como en este titular de *La Nación*:
"Temen que la política afecte la economía", (08-04-98)

En otras palabras, el verdadero poder radica en " LA ECONOMÍA",
a quien el supuesto " gobierno" *no debería molestar.*
" *La política" es apenas un entretenimiento local cuya finalidad es:*
lograr que parezca que el gobierno gobierna.
Lograr que el robo del siglo parezca una democracia.

Los estados nacionales son una molestia menor, una suma de pequeños obstáculos para el Consejo de Administración del Mundo, con sede virtual en ninguna parte, un poder muy parecido al famoso Hermano Grande de Orwell, en la novela *1984*, piadosamente denominado en este caso "Los Mercados", capaces incluso de tener emociones humanas. Amanecen "calmados", tienen "tensión" y hasta pueden ser "optimistas" como los humanos Sus caras visibles son el hindú que nos manda el F.M.I. o Bush, ese muchacho tan democrático, tan celoso del cumplimiento de los derechos humanos en cualquier parte del mundo.

El objetivo del "gobierno", según el preámbulo de la Constitución, es *el bienestar general.*

El objetivo de "La Economía" es *satisfacer al capital financiero, caiga quien caiga (jubilados, Pymes, empleados, enfermos, etc.).*

Según el Sapo, no hay contradicción entre ambos objetivos: *Si apuntamos la escopeta para allá (el capital financiero), el tiro saldrá para el otro lado (las personas) y a todos nos irá bien, es la tesis.*

¿CÓMO HA SIDO POSIBLE QUE EL MUNDO ENTERO SE CREYERA ALGO TAN PROFUNDAMENTE IRRACIONAL?

La historia humana es rica en paradigmas irracionales sobre los cuales se apoyaron épocas enteras. Estos son algunos:

El Rey es el representante de Dios sobre la Tierra.

La raza blanca es superior. Los nativos no tienen alma. Las mujeres tampoco.

Las brujas son las culpables. Debemos quemarlas.
Sí... pero eso fue hace mucho tiempo, cuando no existía
la ciencia moderna; el progreso científico acabó con esas
creencias. No es así. El progreso científico es perfectamente compa-
tible con la irracionalidad. Es tan irracional creer en las brujas o en el "Rey Sol" como creer en el neoliberalismo, cuyas
consecuencias nefastas sobre la humanidad y sobre el planeta, son cada día más evidentes.

Superman y El Zorro
Cuando un hecho real contradice a la necesidad de creer,
la mente lo hecha a un lado o simplemente no lo ve.

¿Se acuerdan del Zorro, imbatible con su espada, siempre a favor de los buenos? El "Señor De la Vega" se conver-
tía en "El Zorro", mediante un pequeño antifaz negro... y
nadie lo reconocía. ¿Cómo era posible? Todos hacíamos como que era así nomás. Y lo mismo pasaba con Superman y
Clark Kent.

También ocurre en la ciencia y en la política. Si la luz es
un fluido que vibra formando ondas con determinada longi-
tud. ¿Qué es lo que vibra entre nosotros y las estrellas, si no
hay nada en el camino? Para explicarlo se inventó "el éter"
(¿se acuerdan?). Nadie supo nunca qué era el éter. Y ya no
se habla más del asunto. Todo sea por creer.

"La Argentina es subadministrada, no subdesarrollada".
"Estamos en el primer mundo". Fue lo mismo.

No importa que una creencia se contraponga a los hechos, en realidad es anterior a ellos. En la creencia "se está"
decía Ortega y Gasset, en cambio las ideas se adquieren,
"tengo una idea" decimos. "Estoy en la creencia..."

Una creencia compartida por muchos se convierte en una
autopista del pensamiento de la que es difícil salir.

Las esferas de Tolomeo
La teoría de Tolomeo sobre la conformación del universo, vigente durante 1500 años, era errónea pero verificable

por la observación, es decir, mucho más racional que la actual propuesta neoliberal. Para Tolomeo, la Tierra era el centro de un conjunto de esferas de cristal que giraban a nuestro alrededor, con los astros pintados en ellas. ¿Acaso no es eso lo que vemos? Si aparecía un cometa desconocido se le adjudicaba una nueva esfera y todo se explicaba perfectamente, hasta que Galileo Galilei (y antes Copérnico) demostró que no éramos el centro del universo. No por nada quisieron quemarlo vivo: la refutación de un paradigma universal es muy peligrosa para el sistema dominante (y sus beneficiarios, por supuesto). De hecho los grandes cambios en la historia humana han coincidido con la sustitución de un paradigma por otro, algo que siempre llega, aunque a veces parezca lejano.

Cuando el pueblo de Francia dejó de creer en el rey como representante de Dios, hizo el cacerolazo del siglo y le cortó la cabeza a Luis XV y a su digna esposa, María Antonieta.

En la época presente, el paradigma neoliberal se está fisurando en la mente de millones de personas en el mundo, incluyendo a los países desarrollados. Se acerca su fin. ¿Qué sistema lo sustituirá? Está por verse, pero más temprano que tarde, será sustituido.

Pero... ¿cómo gobernar sin rey?

¿No les hace acordar esta pregunta a tantos y tantos políticos, periodistas y opinadores que dicen: "¿Cómo vivir sin partidos políticos y sin F.M.I.? ¡Es imposible para cualquier país!"

Alexis de Tocqueville –uno de los principales teóricos de la Revolución Francesa– se sorprendió mucho cuando viajó a Estados Unidos a principios del siglo XIX. ¡No tienen rey!, decía asombrado.

¡Gobiernan con un papel! (la Constitución, que estaba fresquita).

En el mundo de hoy, Cuba, sin clase política y sin F.M.I., es como la doble personalidad del Zorro, o de Clark Kent; los economistas y politicólogos no la registran. Sus indicadores (todos) en permanente ascenso, no existen.

Una curiosidad: fíjense en su agenda, por favor. ¿Figura Cuba en la lista de prefijos telefónicos internacionales? Es muy posible que no. Cuba no existe. La mentalidad conservadora, tan abundante entre nuestra "clase política", no puede aceptar la existencia de lo que perturba su paradigma. Prefiere negarlo. Dicho sea de paso, ¿cómo puede ser una democracia el desembozado gobierno de una clase, "la clase política"?

Líquidos gástricos para digerir el sapo

En el artículo anterior esbocé varios factores concurrentes para que se produjera la digestión del sapo. No quisiera ser pedante ni doctoral (me cuesta, no se crean...). Para eso lo tenemos a Mariano Grondona, con sus anteojitos y los griegos siempre a mano, tan ecuánime él, tan ponderado, ¿no? Solo agregaré un factor más, dentro del rubro "desinformación sistemática", y es la fragmentación de la realidad, cortada en rodajas muy finitas, completamente desconectadas entre sí: ¡¡RAADIO DIEZ!! ¡¡LA RAADIO MÁS POOOTTTENTTTE DE AARGGGENTINAAA! Y después, crimen, fútbol, temperatura, sensación térmica, humedad, bolsa, dólar, declaración de fulanito, todo en solo ¡¡DDOOOS MINNNUTOS DE NOTICIAAAAAS!!

Estamos informados minuto a minuto, no se nos escapa nada. Tampoco entendemos nada, claro. Si un amigo nos hablara así en un bar, creeríamos que se volvió loco.

El mesurado profesor Grondona tiene un programa de radio que se llama "La clave del día". ¿Cómo es posible semejante ignorancia disfrazada de conocimiento?

¿Cómo es posible, comprender la realidad, comprender la historia, con "La clave del día"? ¡Trescientas sesenta y cinco claves por año, tres mil seiscientas cincuenta claves cada diez años, treinta y seis mil quinientas claves por siglo!

Sería como tratar de entender una película mirando cada fotograma, uno por uno, o una foto, pixel por pixel. En fin, profesor, Grondona... qué quiere que le diga...

Bajo las estrellas
Apuntes de un turista

Por primera vez en su vida, a pesar de que esta es su visita número 29 a Cuba, nuestro amigo argentino Rodolfo Livingston se toma unas vacaciones en la Isla. Estas son sus primeras impresiones del conocido profesional, padre de la experiencia del Arquitecto de la Comunidad, práctica extendida en nuestro país.
Juventud Rebelde

En la piscina del hotel Arenas Blancas converso con una negrita encantadora. Yamilé tiene diez años. Es campeona nacional en 600 metros llanos (un minuto y cincuenta segundos, me aclara) y sus padres y hermanitos están pasando una semana allí, con ella. Poco después descubro que hay otras familias cubanas en el hotel, trabajadores todos, de la gastronomía, de la construcción, etc.

Yo sabía que estas cosas ocurrían en Cuba pero es distinto verlo, compartir este hotel cinco estrellas con gente del pueblo que no está allí disfrutando porque tengan más dinero que otros, sino por sus méritos, avalados por sus propios compañeros. "Según la temporada, tenemos aquí hasta treinta familias cubanas", me informa Mercedes, la directora del hotel.

Las muchachitas del bar El Teclado atienden a cientos de alemanes y canadienses durante quince horas seguidas sin perder la sonrisa ni el buen humor. ¿El secreto? Al menos descubrí uno: trabajan un día sí y el otro no. Me gustó el ritmo. Ojalá pudiera aplicármelo yo mismo en la Argentina. Y ojalá pronto atiendan así de bien en los restaurantes en moneda nacional, únicos sitios donde, por lo general, los cubanos no se tratan bien.

Nadie tiene miedo allí a quedarse sin trabajo ("flexibilización laboral" le dicen en la Argentina) ni a enfermarse, ni a la policía, a Bush o a los talibanes. Hasta los gorriones se me acercan a cuarenta centímetros y vuelan lo más campantes por adentro del hotel.

Dirigiéndome a un custodio del hotel, sentado bajo una palma, en la playa:

–Quería avisarle que mi esposa y yo tenemos el plan de dormir esta noche en la playa, bajo las estrellas. Le aviso a usted para que no nos confunda con alguno *non sancto* y nos despierten.

–Señor, usted es nuestro huésped, pero si fuera un cubano, cualquiera que sea, tampoco podemos despertarlo. Aquí todo el mundo puede dormir bajo las estrellas.

–"Casi nada lo que me has dicho, poeta-policía –pensé– y fui otra vez al mar, empujando al sol hasta que nos cubran las estrellas. A todos."

El ornitorrinco

..." *Así que no nos hagan más el favor de decirnos lo que debemos hacer", concluyó. " No traten de enseñarnos cómo debemos ser, no traten de que seamos iguales a ustedes, no pretendan que hagamos bien en veinte años lo que ustedes han hecho tan mal en dos mil".*
(*Palabras atribuidas a* Simón Bolívar *por* Gabriel García Márquez *en* El general en su laberinto.*)*

La gente suele preguntarse, ¿qué será de Cuba en el futuro?, cuando la verdadera pregunta es: ¿qué será del mundo en el futuro?

Si los países que rodean a la pequeña Isla se parecieran a ella, sería menor la inquietud por el porvenir de todos nosotros en un planeta sin contaminación ni destrucción de la naturaleza, sin violencia social ni desigualdades insoportables donde aún se mantienen frescos los valores humanos a la hora de tomar decisiones políticas.

Durante esta Segunda Edad Media que atraviesa la humanidad, todo aquel que osa apartarse del Modelo Único es execrado, o simplemente ignorado. ¿Cuánto más tardará Cuba en reintegrarse al redil?, se preguntan, como si viviéramos en un mundo inteligente, humanizado o medianamente lógico.

Los cubanos sobreviven y han empezado a crecer en medio de las peores dificultades imaginables, porque están creando un modelo diferente, original, fundado tanto en la corrección de los errores del socialismo, como en algunas formas exitosas de la gestión capitalista. Están inventando el ornitorrinco, el único mamífero que pone huevos.

El sector pensante de la raza humana haría bien en detenerse a examinar este experimento en lugar de darle tantos consejos, aun cuando no coincidan con él por razones ideológicas y aún cuando sea muy pequeño. Las semillas son pequeñas y también lo eran los antecesores de los primeros mamíferos –nuestros ancestros biológicos–, casi invisibles al lado de los enormes dinosaurios, dueños del mundo hace setenta millones de años. ¿Dónde están hoy unos y otros?

Batalla de ideas

En el devenir de la batalla de ideas, a veces nos distraemos y permitimos que las palabras –equivalentes a las balas en estos combates– sean vaciadas y rellenadas nuevamente por el enemigo.

"Desde que estamos en democracia...", suelen repetir los periodistas, incluyendo a los pocos que se atreven a defender a Cuba en estas latitudes.

No te comprendo –respondí una vez por radio–. Si acabas de elogiar el libro *Los dueños del poder en la Argentina*, ¡no puedes decir que estamos en democracia!

¿Por qué no? ¿Acaso no hay elecciones?

Cracia quiere decir poder y *demos*, pueblo, ¿no es así? Entre los cinco o seis grupos económicos que figuran en ese libro, el *demos* no aparece por ninguna parte... Un libro con ese título: *Los dueños del poder...*, referido a Cuba, tendría una sola página, o quizás tan solo una línea porque no hay grupos económicos ni "clase política" que manden allí. En las manifestaciones no hay enfrentamientos porque pueblo y gobierno participan juntos, son lo mismo.

Los ejemplos abundan. "Occidente", por ejemplo, no tiene nada que ver con los puntos cardinales. ¿O acaso alguien piensa en Perú, en el Uruguay o en la Argentina cuando se habla de "Occidente"? A tal punto es cierto este vaciamiento semántico, que Estados Unidos bombardeó cruelmente a un pueblo entero –Vietnam– defendiendo los valores de Occidente... en Oriente.

Países "emergentes" o "en vías de desarrollo", "libertad",

son palabras-balas, que valdría la pena revisar antes de apretar el gatillo.

La palabra más problemática de todas, para quienes defendemos a Cuba fuera de la isla, es, sin duda... "partido". ¡¡No se imaginan, mis queridos cubanos, el trabajo que me dan con esa palabrita!!

¿Cómo llamar democracia a un país con un solo partido? –preguntan mis adversarios.

Ese Partido es algo completamente diferente, no propone candidatos, sus miembros son elegidos por sus virtudes y... podría seguir argumentando acerca de la necesidad concreta de unirse frente a los yanquis, los antecedentes históricos del Partido único y otras razones que conozco y comparto... solo que, se quiera o no, estamos hablando de un partido.

Imagine el lector cubano a dos biólogos tratando de comprender el comportamiento de dos patos, uno de los cuales no tiene plumas ni pico, no es palmípedo, no hace cua cua, trepa a los árboles y, además, no sabe nadar. ¿Es posible que lleguen a entenderse llamando "pato" a ambos animales?

La percepción humana no se produce de afuera hacia adentro, sino de adentro hacia afuera. Cada uno percibe según su experiencia y según sus creencias, que son más arraigadas que las ideas; en las creencias se *está*, las ideas se *tienen*. Con tal de no modificar las creencias es frecuente no ver, –o al menos resistirse a ver– cualquier cosa que las ponga en crisis. Cuentan que un alemán criado en la ciudad, cuando vio por primera vez un elefante dijo: "Ese animal no existe". Es un ejemplo exagerado de lo que Thomas Kuhn (*Estructura de las revoluciones científicas*) denomina "ceguera paradigmática". Por eso es necesario explicar a Cuba de otra forma, cuando se la defiende dentro del campo capitalista. Esta es la forma en que lo hago en relación con el Partido:

En Cuba no hay partidos políticos. Los candidatos son elegidos en una forma muy original, que me encantaría explicar si ustedes lo desean... Ser dirigente no es un botín allá, como lo es aquí. Los alcaldes, diputados y gobernadores siguen ganando lo mismo. Al no haber partidos no hay politiquería, ni derroche de dinero, ni promesas mentirosas y los mandatos son revocables por asamblea popular, todo lo cual se presenta últimamente entre nosotros, cada vez con mayor frecuencia, como una ambición lejana. "Que todos los partidos se unan en defensa de la patria", "El frente amplio", "Unión nacional", etcétera, ¿no son también ambiciones en todas partes? Pues bien, en Cuba lo lograron.

Pero... ¿y el Partido Comunista no existe acaso?

Sí, existe, pero es algo tan, pero tan diferente a lo que entendemos aquí por "partido", que alguno de los dos debería cambiar de nombre, lo que no siempre es fácil, porque ciertas palabras encierran emociones. El nombre de una calle, de un amor o de una batalla se va convirtiendo en aquello que se nombra. Y el Partido es el Partido, ¡qué embromar! Aunque me den ustedes un poco de trabajo para explicarlo aquí, en el sur del mundo.

Sin embargo, "nuestro partido no es perfecto como usted imagina, Livingston", suelen decirme los cubanos.

Lo sé, pero si conocieras de cerca la parodia de aquí... cambiaría tu perspectiva, lo que no quiere decir que no tengan que seguir mejorando lo que han logrado, que no es poco. Si hubieran alcanzado la perfección estarían en el cielo, un lugar poco apto para ustedes y para mí... a menos que se le introduzcan reformas. Nosotros necesitamos un poco de acción. Y de lucha.

El felizómetro-sufrinómetro
Un aparato que usted puede construir
en el garaje de su propia casa

Es posible utilizar un aparato virtual para juzgar edificios, llamado felizómetro-sufrinómetro. Este aparato puede medir los *deseos* y los *sufrimientos* de cada cliente con respecto a su hábitat en una escala del 1 al 10. Ciertamente lo que hace sufrir a algunos puede ser placentero para otros; sin embargo hay puntos como "gotera sobre la cama" por ejemplo, que ocuparían el primer lugar en la lista de sufrimientos para todo el mundo. Después vendría gotera en otra parte de la casa. A continuación –con siete puntos– "que pasen por mi cuarto para ir al baño" o "la falta de ventilación", "poca mesada en la cocina... "los chicos apretados en un cuarto", "no tengo un lugar para mí" y así sucesivamente.

Si la voz, la imagen y la música pueden digitalizarse convirtiéndose en pares de números y luego recuperan su formato original, ¿no sería posible hacer algo parecido con un sentimiento?, ¿cuantificarlo? No si lo consideramos en forma precisa, matemática, pero la respuesta sería afirmativa si lo tomamos como un indicador. Los médicos establecen un orden en la intensidad del dolor físico, también los psicólogos con el dolor moral (muerte de un ser querido, separación de una pareja). Creo que sería una buena idea evaluar la calidad de vida de un país incorporando este modo de cuantificar sentimientos. Por ejemplo, ¿qué puntaje le pondríamos al miedo a la policía?, ¿al miedo a perder la casa e ir a parar debajo de un puente?, ¿o al miedo a enfermarnos gravemente sin poder pagar la atención médica? ¿Qué puntaje le pondríamos al desamparo frente al poder?, ¿a la falta de justicia?,

¿al maltrato por miedo a perder el trabajo?[1] ¿Cómo determinar esos puntajes, de 1 a 10? Muy sencillo, pidámosle a la gente esta evaluación y tomemos un promedio. Combinando estos índices con los ya consagrados como ingreso per cápita, promedio de vida, mortalidad infantil, podríamos obtener un índice general más aproximado de calidad de vida en un país, un índice completado con la evaluación subjetiva de los habitantes.

Con respecto a la arquitectura, el felizómetro-sufrinómetro incluye otros valores. La fachada, por ejemplo, se comporta como una supercara del cliente, por medio de la cual este expresa quién es o quién cree ser: "soy alocado", "soy original", "soy tranquilo", "soy –o somos– religiosos" (imágenes de la virgen), o "soy tradicional", algo que también vale para las instituciones. Sin embargo, la estética urbana no puede limitarse a una simple sumatoria de gustos individuales. La fachada es una frontera entre quienes habitan un edificio y la comunidad que tiene también derechos sobre ese telón de fondo de la vida social y, sobre todo, *tiene derecho a mantener la memoria social, que se apoya siempre en lo visual colectivo.* En otras palabras, la fachada no es solo de quien está del lado de adentro. Nuestra responsabilidad como arquitectos será conciliar ambas exigencias, lo que es posible en la mayoría de los casos. Me preguntan los clientes cuál es mi criterio estético o mi estilo preferido, como arquitecto. Respondo que coincide con mi posición frente al sexo: vale todo lo que haga gozar mientras nadie sufra o se vea afectado. "Yo de arquitectura no entiendo nada", escucho decir con frecuencia. Si te hace sufrir es mala, si te hace más feliz es buena y si además, te emociona, es maravillosa. La estética es un goce, antes que un juicio. Sin embargo... mejor la sigo en la próxima.

---

1   En realidad hablar de miedo es quedarse corto. El diario *La Nación* (19-11-01) dedica la portada y una página completa a los ataques de pánico (palpitaciones, sensación de muerte) cada vez más frecuentes en la Argentina (84% de las consultas médicas) sin causa inmediata, producto de todos estos miedos sumados.

Belleza, cultura e identidad

Cultura es el ejercicio profundo
de la identidad.
Julio Cortázar

Es frecuente para los humanos que lo *bello* coincida con lo *bueno* y lo feo con lo malo o "atrasado". Una bella joven japonesa quiere parecer occidental porque le parece *mejor* y hace agrandar sus ojos rasgados por medio de la cirugía estética. En muchas partes –también en Cuba– se habla todavía del "pelo malo" (enrulado, denuncia al antecesor negro) y el "pelo bueno" (lacio), tal como lo cuenta Abel Prieto en *El vuelo del gato*, una divertida y excelente novela inspirada en su adolescencia en un barrio habanero...

Ernesto Sabato decía que si el lugar de Inglaterra como imperio mundial hubiera sido ocupado por el Paraguay, la caña paraguaya reemplazaría hoy al whisky, como bebida prestigiosa. Al fin y al cabo, decía, ambas provienen de la destilación de cereales.

La evaluación inmobiliaria de la arquitectura exalta valores y modas propios de la clase más rica, "ambiente exclusivo" (el mérito consiste en *excluir...*)", "balcones con baranda de aluminio-oro", "grifería línea tal o cual", etcétera. Algunos de estos valores son asumidos por clases sociales de menores recursos, como "el toilette" para que las fantasmales "visitas de poca confianza" –que en realidad son sus amigos– no usen los baños familiares. En la Argentina se venden viviendas de sesenta metros cuadrados con tres baños, como si sus cuatro habitantes padecieran de sistitis crónica, restando espacio para cosas necesarias, como una cocina amplia, por ejemplo. Otro tanto ocurre con el comedor formal y el comedor diario, una duplicidad absurda en viviendas pequeñas; es mejor un buen lugar para comer que dos chicos e incómodos. O con la "sala", y la "saleta", una costumbre cubana heredada que debería ser reconsiderada cuando se trata de proyectar o de reformar viviendas sencillas. En realidad las modas nada tienen de malo en sí mismas, han existido siempre, pero no deberían restringir la calidad de vida en una casa.

Es muy frecuente que los campesinos crean que es mejor todo lo que viene de la ciudad, despreciando los materiales del lugar. Desean una casa cuadrada, con techo de cemento, ¡en medio del campo! Esto pasa en todas partes. La tierra como material de construcción es resistida en la clase popular porque lo consideran una vuelta "atrás", mientras que en clase alta del sur de los Estados Unidos es una moda muy positiva que permite construir casas económicas, frescas y bellas. En cierta región de México disminuyó el índice de alcoholismo cuando las casas de tierra reemplazaron a otras prefabricadas de cemento. Los hombres preferían volver más temprano a sus viviendas, mucho más frescas, en lugar de quedarse en la taberna esperando que baje la temperatura en el interior de las casas.

¿Cómo podría un arquitecto orientar a su cliente hacia lo que realmente necesita? ¿Cómo alejarlo de modas históricamente desfasadas, sin dejar de respetar sus gustos?

La clave no está en imponer sino en mostrar alternativas que ayuden a los clientes a identificarse con ellos mismos, con su identidad verdadera y no con preconceptos o con modas impuestas por el modelo consumista que prevalece en el mundo actual.

Recordemos que *enseñar* es sinónimo de *mostrar*. Cuando la gente ve un prototipo y conversa con los dueños, las posibilidades de comprender aumentan geométricamente. Esta es mi experiencia y la de muchos Arquitectos de la Comunidad en Cuba. La arquitecta argentina Nidia Marinaro construyó, –junto a los propietarios– cinco casitas de adobe en Santiago de Cuba (Barrio del Morro, año 1998) resistidas al principio y luego aprobadas con entusiasmo por sus dueños.

Sería errado confundir la identidad con lo que es oriundo del lugar. La identidad, como la tradición, "es un concepto dinámico que se va construyendo con lo que fuimos, con lo que somos y también con lo que deseamos ser".[2] Rechazar lo que nos perjudica no significa cerrarse a lo nuevo, a lo universal. Esto vale tanto para la cultura en general como para la arquitectura en particular.

Estos temas pertenecen también a la batalla de ideas y sería bueno tratarlos en un programa de "Universidad para todos"; podría titularse "Cultura del hábitat". Hace falta. La arquitectura es algo más que construcción.

---

2 Es un concepto expresado por Fidel. La cita es *casi* textual, pues no la tengo a la vista.

¿Se acuerdan cuando atendían personas?

Las oficinas de Telecom en Buenos Aires ya no son atendidas por humanos sino por teléfonos instalados en las paredes donde nos responden acarameladas voces femeninas –grabadas– ofreciéndonos un frondoso árbol de opciones: "si desea conocer su facturación marque uno, para obtener nuestros nuevos servicios marque dos", etcétera. Después de marcar el dígito seleccionado se abre otro árbol de opciones similar al anterior. El proceso suele terminar con una conclusión dramática: "Su destino no ha sido alcanzado (¡!). Intente nuevamente." Han sido vistas personas gritándole a los teléfonos (yo entre ellas) con expresión desencajada, cosas como estas: "¡¡¡PERO SI YO NO VENGO AQUÍ EN BUSCA DE MI DESTINO, SOLO QUIERO HABLAR POR TELÉFONO Y QUE NO ME ROBEN, QUE VENGA UN SER HUMANO, POR FAVOR!!!

Las quejas por sobrefacturación saturan las oficinas municipales encargadas de defender a los usuarios, que seguimos sin respuesta. Las privatizaciones (teléfonos, ferrocarriles, autopistas, etcétera) fueron hechas a cambio de coimas millonarias por funcionarios menemistas que representaban los intereses de las empresas, no los nuestros.

Los nuevos cines son atendidos por una sola chica cada cinco o seis salas donde uno se acomoda a sí mismo en la platea. Se puede entrar con una bolsa de pochoclo obtenido en una máquina a un precio igual al de la entrada. Todo pertenece a la misma superempresa norteamericana Cinemark. Un cartel advierte que está prohibido entrar con cualquier golosina o alimento no comprado allí.

Cuando me acerqué a la ventanilla de la estación de tren, esperaba la mirada del vendedor de boletos pero me topé con mis propios ojos reflejados en el cristal espejado, antibalas. "¿Para dónde?", inquirió una voz metálica desde algún parlante invisible. Una ranura mínima, bajo el vidrio, invitaba a las dos primeras falanges de mi mano a entregar el dinero, que fue rápidamente absorbido por otras veloces falangetas que emergieron del otro lado. Comprar un boleto de tren ya no es lo mismo en el Gran Buenos Aires, por temor a los asaltos de los que diariamente se quedan sin empleo (720.000 desocupados más por año en la Argentina, 2000 por día). En las estaciones centrales las ventanillas van desapareciendo, reemplazadas por máquinas. "¿Y ustedes?", le pregunté a un policía. "En cualquier momento nos despiden y lo sueltan a Robocop, para que ande por aquí", me contestó.

Hace dos años tuve oportunidad de recorrer la muy bella ciudad de Lisboa, donde, por suerte, todavía abundan los humanos con trabajo, atendiendo a otros humanos. Pero también allí tuve una experiencia digna de figurar en cuento de José Saramago, cuando pregunté por un baño. "Allí mismo lo tiene señor", me dijo un portugués señalando una especie de cabina telefónica.

Deposité una moneda y de inmediato me sentí prisionero dentro de un extraño cubículo herméticamente cerrado, con ventilación forzada y paredes de acero recubiertas en su interior por una malla de alambre, (para evitar graffiti, supuse). Lo más curioso era que no encontraba por ninguna parte los adminículos que son la razón de ser de cualquier baño. Solo veía botones y carteles luminosos con letras digitales: "El receptáculo se autodesinfectará automáticamente dentro de 80 segundos" y otras advertencias por el estilo. Finalmente apreté un botón y emergió suavemente de la pared un extraño mingitorio. Confieso que me invadió el temor de que una suerte de mano mecánica avanzara hacia mi pantalón, completando la ancestral maniobra que los hombres encaramos, hasta ahora, en forma personal, en los baños públicos. Finalmente, y luego de luchar contra sistemas que se prendían y se apagaban y contra mi propia inhibición, no del todo superada, pude huir hacia el aire libre y abrazar a mi mujer que me esperaba afuera.

Esa noche, en el hotel donde nos alojábamos, tuve un sueño horrible. Se había cortado la luz dentro de la cabina-baño y la temida mano mecánica no soltaba su, para mí, invalorable presa. Pregunto a los lectores de Portugal ¿siguen allí esas máquinas infernales?

El imperio inglés
y las capas de la cebolla

Ciertamente el imperio inglés cometió atrocidades. Tuvieron, sin embargo, aciertos menores, pero aciertos al fin. La arquitectura que dejaron en la Patagonia, y en las Islas Malvinas por ejemplo, sigue siendo, aún hoy, la más adecuada al clima de la región: doble puerta (cámara de descompresión) para proteger el interior de las casas de los fríos e intensos vientos, jardín de invierno vidriado, techos de chapa, y una estética coherente con estas características. Lo mismo hicieron en los trópicos y no solo con la arquitectura (profundas galerías, sombra abundante), sino también con la ropa (pantalones cortos, ropa fresca). Un funcionario argentino con sombrero de corcho y shorts resulta inconcebible en la provincia de Jujuy (pleno trópico), donde todavía prefieren el traje obscuro, paradójicamente inspirado en Londres.

La guayabera está cayendo en desuso en Cuba, siendo mucho más adecuada al verano –cada vez más caliente, por otra parte– que el saco con corbata ajustada al cuello, una vestimenta sin la cual pareciera imposible dar las noticias por televisión en Cuba, aunque de la cintura para abajo los locutores vistan shorts, aprovechando que no se ven en pantalla. Podrían diseñarse nuevos modelos de guayabera, pero no suprimirlas.

Los prefabricados soviéticos resolvieron buena parte de las necesidades de vivienda en Cuba durante las primeras décadas de la Revolución. Hoy sabemos que esos monoblocks, sin portal, ni galería, ni sombra (ni brisa en muchos casos), son algo más que un sistema constructivo; proponen una forma de vida propia de países donde el sol es anhelado, aunque sea un rayito tangencial. En el Caribe en cambio, el lugar es la sombra. Y la brisa. *"Amo los patios sombríos, con escaleras bordadas.../ amo las naves calladas/ y los conventos vacíos"*, escribió José Martí.

Estos monoblocks podrían mejorarse agregando emparrados a las viviendas de planta baja, creando portales frescos y gratuitos. Nada tienen que hacer a nivel de la tierra esos ridículos balconcitos que repiten los de los pisos superiores. El portal es un lugar cubano, un emblema de la comunicación social entre vecinos, el escenario del dominó y del psicoanálisis tropical, donde la encantadora vecina Clara Borrero, compone los amores contrariados de su vecinos de la calle Gral. Miniet, en Santiago de Cuba.

Tampoco es lógico que los transportes públicos estén cerrados por todas partes (exceptuando los simpáticos "coco taxis"). Sería bueno convocar a un concurso de ideas para refrescar las guaguas (ventilar bien el camello, por ejemplo) y para crear carrocerías tropicales. Sobra el ingenio en Cuba, y no solo entre los inventores e innovadores. Hay físicos ambientales, como Bruno Henríquez (*Cuba solar*) capaces de crear corrientes de aire con perforaciones y tirajes estratégicamente ubicados en las fábricas, mejorando así el bienestar de los trabajadores.

La habitabilidad de un lugar no depende necesariamente del aire acondicionado. Desde hace 1000 años los árabes logran corrientes de aire fresco dentro de las casas, en pleno desierto, con paredes de tierra y otros recursos muy interesantes que no consumen divisas. Estos métodos constructivos no debieran llamarse "de bajo consumo", sino de "alto rendimiento". (El nombre no es lo de menos.)

En fin, que hace falta reinventar la guayabera de la arquitectura, de la ropa y del transporte, envases concéntricos todos ellos, a la manera de las capas de una cebolla, de nuestra forma de estar en el mundo, es decir, de nuestra cultura. Esta es la esencia del hábitat y no la construcción, que debería estar a su servicio, como lo están los editores con respecto a los escritores, no al revés.

En este asunto cumplen una labor primordial los Arquitectos de la Comunidad cubanos, un programa único en el
mundo, que no todos conocen bien.

Antes de la explosión

En años anteriores mi única perturbación en ese parque cercano a mi casa, eran los sopladores de hojas con motor a la espalda y ruidoso escape libre. Uno abandona la ciudad para encontrar la calma en una plaza y resulta que allí hay más ruido que en la calle, provocado por absurdos combatientes del otoño, enemigos de las hojas caídas y del silencio. Se trata de una empresa privada contratada por la municipalidad, por supuesto. Me acostumbré a esquivarlos con el horario o trotando en lo alto cuando estaban abajo y viceversa. Pero ahora es peor, porque no es el ruido sino la pena lo que me atormenta, y no son los oídos sino el alma lo que duele.

Esta mañana a las siete y media conté quince. Quince grupos de personas durmiendo allí, en una sola plaza de esta ciudad inmensa. Hombres de a uno, de a dos o más, mujeres solas, familias tapadas con cartones. Ropas en buen estado todavía, y una pareja muy joven durmiendo abrazados bajo una manta. Hoy los vi de nuevo, despiertos ya, mirándose a los ojos, besándose. No eran mendigos ni linyeras pero no tienen más casa, ni trabajo, ni país. Solo tienen el amor, que no es suficiente.

Ya no puedo trotar más en Parque Lezama, pero debo seguir trotando –y tal vez llorando– para seguir despierto.

Contratapa del diario *Página 12* (19-12-01): sucursal de la Banca Nazionale del Lavoro, en Buenos Aires. Centenares de personas irritadas por no poder retirar su dinero. Un señor de unos 40 años arremete contra la pantalla muda de un cajero automático que se niega a entregarle su sueldo. "No disponemos de efectivo", repite una voz grabada que sale del aparato. El hombre extrae un objeto metálico de su bolsillo, tal vez una llave, y golpea la pantalla gritando, furioso. Se acercan dos guardias de seguridad y lo inmovilizan, mientras llaman a una patrulla. Interviene Mariana, una psicóloga que se hallaba entre el público. "No dije que era psicóloga, no conviene con la policía", le aclara después a la cronista. Se presentó como médica: "Deberían llamar a una ambulancia", dice y se lleva al muchacho al fondo; los guardias ceden. Lo hace sentar, lo calma. Se acerca el gerente que le promete ocuparse de su dinero personalmente: "Todos estamos igual". Le alcanzan un vaso de agua. Llaman a una amigo y lo vienen a buscar.

Mariana sigue su camino y encuentra una sucursal de otro banco con menos gente, todo parece en paz. Hasta encuentra un sillón donde sentarse y esperar por su trámite.

"Pero de pronto –sigue la versión, ahora textual, de la cronista Sandra Russo– hay movimientos raros en el banco, cierta inquietud que sobrevuela el local con la rapidez de un láser. Un empleado le dice que el gerente se ha descompensado, y que han llamado a una ambulancia mientras intentan reanimarlo. En un par de minutos, el gerente es sacado en camilla. Mariana decide volver a su casa."

Apuntes de la crisis

Prontuario. Declaraciones de Carlos Grosso (ex funcionario de Menem, con varios procesos judiciales) al asumir un cargo en el gobierno provisional: "me eligieron por mi inteligencia, no por mi prontuario." Grosso fue autor de un proyecto (concretado) de convertir una antigua escuela en shopping, enviando a niños y maestros a un entrepiso. La medida fue aprobada en el Congreso la noche del 30 de diciembre de 1990 en una veloz sesión, la última del año, a cambio de 23 excepciones al código de edificación, para construir en altura. En aquella oportunidad levanté la polvareda proponiendo nuevos shoppings en edificios altos, entre ellos la Catedral de Buenos Aires. "Al fin y al cabo –dije por TV– no hay ningún obispo que pase de 1,85 metros de altura, y como la catedral tiene 25, cabrían allí varios pisos de negocios". El escándalo desatado impidió la construcción de otras 25 escuelas-shoppings que estaban en la lista de espera de Grosso, por ese entonces alcalde de la ciudad de Buenos Aires.

Último momento: Grosso renunció a raíz de un nuevo cacerolazo. Duró dos días en el cargo. La gente está tomando conciencia de su poder.

Navidad en "default": antes de la crisis ya existían negocios llamados "Todo por dos pesos". Ahora son "todo por un peso". La clase media, o mejor dicho la mitad de la clase media, que es lo que queda, llenó el arbolito de regalos familiares, a un costo bajísimo. Algunas compras de un peso eran tres velas aromáticas, que dieron lugar a tres regalos, cada uno con su respectivo envoltorio. Otros presentes navideños en el arbolito de mi familia fueron: pescadito de plástico que flota, saumerios de bolsillo, "tutor de planta" (es un palito) "pinchador de aceitunas (dos palitos)"... todo "made in Taiwan". En los supermercados se vendía champán marca Blason a 2,60 la botella, con etiqueta igual a los de antes, que costaban 20 dólares. Hasta el momento no se han reportado intoxicaciones, sí algunos malestares pasajeros. Se ignora qué cosa contenían las botellas, además de las burbujas. Surgen productos, del tipo "chispa e' tren", pero hasta ahora no hemos reeditado el "bájate el blumer", de gran aceptación en Cuba durante el período especial a raíz de sus saludables efectos.[3]

Escenas. Las sucursales bancarias se han convertido en verdaderos infiernos en estos días: restricciones de todo tipo para disponer del dinero propio, colas interminables, gente furiosa, empleados sin respuestas. Desde los afiches, familias rubias y felices nos invitan a deposistar allí nuestros ahorros. "Sáquele el jugo a sus ahorros" (ilustración de naranjas mezcladas con billetes). "Antes que nada, su seguridad", "Los esperamos con un café".

Dentro de todo, y sin mencionar el horror y la bronca que todos conocemos, algo positivo: disminuyeron las desagradables explosiones de cohetes y petardos, cada año más potentes. Los heridos por quemaduras (unos 340 en Navidad, solo en Buenos Aires) disminuyeron este año a menos de la mitad. También los tuertos por errores de puntería con corchos de champán.

---

3 *Chispa e' tren, bájate el blumer:* designación popular de rones caseros fabricados durante el período especial. *Blumer:* bombacha.

Elecciones

Nota enviada a la prensa argentina el 25-12-2001,
no publicada hasta el momento.

*Si las elecciones cambiaran algo,
estarían prohibidas.*
(Graffiti en una pared de Buenos Aires.)

La próxima opción –más que elección– por un nuevo presidente argentino se hará entre candidatos propuestos por la denominada "clase política" que se limita al 1 por mil de la población, aproximadamente. El gobierno de una sola –y diminuta– clase social se llama *aristo*-cracia, no *demo*-cracia, aunque voten todos.

"¡Cuidado con decir eso! –advierten aquí los opinadores, aun los de izquierda– porque les abrimos las puertas a los militares". Una perfecta falsa opción. ¿Por qué no podemos elegir entre tantos profesionales, intelectuales, dirigentes barriales capaces, intachables y reconocidos por el pueblo? ¿Solo porque no los ha seleccionado ese minúsculo 1 por mil? ¿Por qué no podemos proponer a Pérez Esquivel como presidente, por ejemplo?

En sus reuniones llamadas "internas partidarias", la clase política no estudia ni se prepara para gobernar (excepto en Harvard). Solo pelean descaradamente para ser ungidos candidatos, es decir, por un botín. Su ignorancia es, a menudo, asombrosa. ¿Y qué son en realidad los partidos? ¿Alguien cree que se forman a partir de ideas compartidas? ¿Cuáles son esas ideas, esas diferencias? ¿Cavallo versus Cavallo? ¿F.M.I. versus F.M.I.?

Es notable cómo han logrado quitarle la parte de adentro a las palabras, resignificando la cáscara. *Democracia* por ejemplo, está asociada con "partidos políticos", no con *demos*: pueblo. ¿Cómo va ser Cuba una democracia si tiene un solo partido?[4] Paradójicamente la palabra "política" es sinónimo de "infección", aún para los mismos políticos: tal o cual asunto "se ha politizado" (se infectó, se arruinó). "Aquí venimos a trabajar, no a hacer política". "¡Lo dice con propósitos electoralistas!" (¿Pero cómo, no eran buenas las elecciones?)

No es solamente el modelo neoliberal lo que no funciona, *sino también un sistema electoral que nadie se atreve a cuestionar.* Dicen que es el único modelo posible ¡Qué pensamiento tan limitado! y sobre todo, ¡qué tamaña resignación! Cuba encontró un modelo alternativo, (sé que acaban de desmayarse varios ante tal blasfemia...) Para cada pregunta hay varias respuestas, casi nunca una sola, y es urgente que nosotros encontremos la nuestra. Hoy existen medios rápidos y eficientes para conocer la preferencia popular sobre cualquier cosa, no precisamos de esos costosos y desprestigiados intermediarios llamados "partidos". "Que se vayan todos y no quede ni uno solo", fue el grito popular durante el cacerolazo del miércoles 19 de diciembre, *un grito que debe ser escuchado.* Los partidos debieran autodisolverse (se desmayaron de nuevo, sepan disculpar, ya concluyo) y crear una comisión de gente honesta y capaz, reconocida por todos, para llamar a verdaderas elecciones, con candidatos propuestos por el pueblo en forma directa, en los tres poderes del Estado.

No soy tan ingenuo como para creer que tal cosa es factible con la desinformación que reina hoy en estas –y otras– latitudes, pero como dice Eduardo Galeano, las utopías sirven para caminar. Y para entender –agrego–, para tomar conciencia, que es lo primero antes de actuar. El pensamiento creativo es más eficaz que la temerosa rutina.

4　El que tiene es algo *tan, pero tan* diferente, que para poder entendernos, sería mejor que no se llamara *partido.*

La esperanza

"Para que a uno se le trepen en la espalda hace falta agacharse un poquito" dijo Martin Luther King. Los argentinos nos hemos agachado durante un tiempo tan largo como fuerte es el estallido, que recién está empezando. No hay insulina ni remedios oncológicos –entre otros– porque los laboratorios no los sacan a la venta para aumentar los precios. "Mi hermano fue trasplantado –me dijo hoy un vecino– y necesita de un medicamento para evitar el rechazo. No lo consigue en ninguna parte. Se va a morir. Pero antes –le dijo su hermano– saldré con un revólver y voy a matar a unos cuantos canallas".

Cuarenta por ciento de la población bajo el nivel de pobreza. Gente irritada, gente desesperada por todas partes. Nadie se hace cargo. Las empresas privatizadas planean ya el aumento de tarifas (las más altas del mundo). Se supone que el gobierno está discutiendo este tema, pero ¿quién tiene el poder?, ¿de qué gobierno hablamos? "Achicar el Estado para agrandar la Nación", decía el versito antiestatista por la radio, en las calcomanías pegadas en los autos. Y muchísimos se lo creyeron. Hoy no queda nada, excepto la voracidad insensible de los famosos "privados", que no son otra cosa, en definitiva, que el Consejo de Administración del Mundo (F.M.I., multinacionales y Bush). Somos nosotros quienes estamos cada vez más privados de todo, incluyendo *casi* nuestra dignidad, y es allí donde se produce el punto de inflexión de esta curva perversa, porque la dignidad de un pueblo se mide por su capacidad de indignarse, de decir "basta, que es lo que está ocurriendo hoy en mi país", al que los cubanos tanto quieren. Lo sé. Me lo hacen sentir. Gracias por ese sentimiento que recibimos de ustedes ahora, en Malvinas, siempre.

El pensamiento genera la acción, sin embargo hay ocasiones en que la acción genera pensamiento, comprensión y conciencia del propio poder. Esto es lo positivo que está ocurriendo en la Argentina. Hicimos caer a un presidente, un monigote, es cierto, pero se cayó. Nuestras armas no fueron las cacerolas sino el sentimiento de unidad que generaron. "Cuando se sueña solo es solo un sueño –dijo Elder Cámara–. Cuando soñamos todos juntos es el comienzo de una realidad".

¿Y los que siguen, Rodríguez Saá, o los que vayan saliendo elegidos entre *la clase política* como le dicen aquí a un grupito mayoritariamente integrado por los peores, con sus sonrisas congeladas, siempre para la foto? Si vieran ustedes su desbordante alegría cuando "asumen" un cargo importante –aún en estos días– exultantes, rodeados de amigos y parientes, jurando cumplir con su deber. "Y si así no lo hiciere, –es el juramento, con mano sobre la Biblia– que Dios y la Patria me lo demanden". Ya no les creemos. Nosotros los demandaremos, no Dios, que debe estar ocupado en alguna otra galaxia.

Mientras tanto, entre las nubes y la lluvia, empezaremos a gestar entre todos también aquí, en el sur del mundo, un amanecer dulce, duro, alegre y rojo, que se parezca mucho al que hoy están festejando ustedes en el caimán que tanto aman. Que tanto amamos.

Casas inteligentes

Cada tanto se publica en los diarios alguna nota sobre edificios inteligentes, así llamados por estar dotados de ascensores que hablan y hasta discuten con uno, heladeras que hacen las compras en el supermercado por teléfono en forma automática, aspiradoras que recorren la casa por su cuenta evitando los obstáculos, cerraduras programadas que se abren y cierran solas, cocinas que deciden el menú del día, y otros automatismos. El asunto ha sido bautizado con el nombre de *demótica doméstica*, o también, *casas inteligentes*. La propuesta de estas tecnologías de punta pareciera ser: *mientras menos te muevas mas feliz serás*. Pero como la inmovilidad no es buena para los músculos, la *demótica* propone unas almohadillas vibratorias alimentadas por electricidad y ajustadas al cuerpo inmóvil, con un cinturón. *Con este moderno sistema usted podrá ejercitar sus músculos sin moverse, sin esfuerzos y sin transpirar*, dice el aviso publicitario, seguido por otros muchos que interrumpen la película justo en el momento culminante.

Estos aparatos *demóticos* están apareciendo, débilmente por ahora, en el mercado argentino junto a extremos opuestos, como el primer premio en un concurso de "vivienda mínima" (Escobar, prov. de Buenos Aires, junio de 2000) otorgado –aunque el lector se resista a creerlo– al autor de una caja de cartón transportable para *homeless*.

Se cayó el sistema

Volviendo a las *casas inteligentes* no es aventurado imaginar lo que podría ocurrir cada vez que "se cae el sistema", como nos informan en las oficinas públicas cuando desaparece de golpe toda la información y los empleados olvidan hasta su propio nombre, congelados sus gestos en el aire frente a las computadoras ciegas y mudas por tiempo indeterminado. Imagino a una familia que vuelve de las vacaciones y no puede abrir la puerta de su vivienda, abarrotada por 8500 frascos de mayonesa adquiridas por la heladera, o la aspiradora desbocada persiguiendo al nene más chico por toda la casa. Hace poco –y esto ocurrió realmente en Buenos Aires– una señora que vive en Palermo Chico pasó el susto de su vida cuando su auto se clavó a mitad del cruce de la avenida Libertador, justo en el instante en que la luz verde del semáforo lanzaba hacia ella, por ocho carriles, a una enfurecida jauría de automóviles. Preguntada por la causa del desperfecto, temblando todavía, la señora respondió: "no sé... en cuanto salí del garaje se encendió un ruido espantoso que no me dejaba pensar en nada". Se trataba de la alarma contra robo avisando que se cortaría el combustible en pocos segundos.

Conectémonos, mi amor

Los arquitectos recibimos cada día más y más folletos proponiendo toda clase de aparatitos para la casa. Un sagaz colega, que vive muy al norte de Canadá, hace funcionar su estufa todo el año con esos papeles cuya solicitud refuerza de tanto en tanto para aumentar el caudal.

Uno de esos folletos muestra la foto de una casa tipo Hollywood con flechitas que salen de distintos ambientes y terminan en dibujos de aparatejos diversos conectados a cada miembro de la familia y al padre, que está en el auto. "Con el nuevo *waterplhas* usted puede programar el riego de su casa desde su teléfono celular mientras veranea o viaja en su automóvil". "El abuelo ya no tiene necesidad de hacer largos viajes para ver a su nieto. Ahora puede charlar y hasta jugar con él en tiempo real mediante el..." Y siguen las ofertas.

Cada aparato viene con un manual de setenta páginas donde se explican las infinitas opciones de riego, de alarma, de abuelo *on line,* etc.

Aclaro, por la dudas, que me encuentro muy lejos de negar las ventajas del progreso tecnológico. De hecho ahora mismo estoy escribiendo y abriendo el correo desde la ciudad de Corrientes, a mil kilómetros de distancia de mi computadora en Buenos Aires, lo que me produce una gran satisfacción, por supuesto. Mi propósito con estos apuntes es recordar que la técnica, cualquiera que sea, encierra casi siempre algo más de lo que muestra en su superficie, una forma de concebir la felicidad, en última instancia.

La conocí gracias a que ese día me olvidé el celular

Impresiona ver a tanta gente acariciando celulares, con la mente puesta en el lugar a donde están yendo; cuando llegan, otra vez hablan con el punto siguiente. Es decir nunca están, de verdad, en ningún lado. Y *estar* quiere decir lo mismo que *ser* (en inglés *to be*).

Una vez contemplé por Florida el paso de una negra extraordinaria, el cuerpo apoyándose con placer en cada baldosa, los ojos agradeciendo las miradas. Una pantera, un gato a punto de saltar, un junco. A un metro detrás de ella, un porteño joven avanzaba pegado a su celular sin verla, al estilo de Darín en "El hijo de la novia". ¡Y cuántas cosas más te estarás perdiendo muchacho!, pensé. A veces pueden verse las nubes rojas sobre el cielo de Buenos Aires, o la luz del sol entre las hojas de los plátanos, tan altos como el piso siete en las calles de Belgrano.

Y la última. Quizás no me crean, pero juro que es cierto. Fue anoche, en el baño de un cine. Frente a un mingitorio, un señor sujetaba con su mano derecha el tramo externo de su aparato urinario, mientras que, en forma simultánea, con la mano izquierda marcaba un número en la luminosa pantalla verde de su teléfono celular. Aparté de inmediato la mirada. Los hombres en esos casos preferimos concentrarnos, con ojos vacuos, en el azulejo que tenemos delante, por temor a que se nos tome por homosexuales (al menos los que no lo somos).

En fin, con este tema de los aparatejos "inteligentes" solo quiero recordar que no todo es mejor por el simple hecho de que llegó último. Que nadar de noche es infinitamente superior a vibrar enchufados a la pared. Que dormir abrazados es mejor que comprar terrenos en la luna. Y que la verdadera *inteligencia* consiste en recordarlo.

Casas inteligentes II

Una casa no es inteligente por su electrónica de punta, sino por el diseño que permite evitarla. Puede ser fresca gracias al espesor de los muros (de tierra, por ejemplo), la orientación de las ventanas con respecto a las brisas y la vegetación que refresca y embellece los lugares. La vivienda tropical no debe ser un objeto macizo expuesto con indiferencia a cualquier punto cardinal, sino una trama de sombras y lugares techados.

Las casas crecen tratando de responder a las cambiantes necesidades de las familias que *tienen siempre un proyecto de reforma en su mente*, para cuando el varón y la niña no deban seguir durmiendo juntos, o para el abuelo que irá a vivir allí dentro de unos años o el lugar para ubicar la moto, las bicicletas, el futuro automóvil o ese pequeño taller de reparaciones, o las bibliotecas, cada día más abundantes en Cuba. Una vivienda se comporta como el traje de una familia y debiera tener previsto su crecimiento, de otro modo los propietarios lo harán a su modo, construyendo en los patios, ahogando ambientes, ubicando mal las escaleras. Estos impulsos parciales suelen ir conformando una casa antieconómica, por falta de un plan general; economía, (de *oikos*-casa), quiere decir, precisamente, *distribuir con acierto. La casa no es un objeto, sino un proceso, una película.*

Un ambiente no es chico o grande solo por sus medidas sino por la posibilidad de ubicar bien los muebles. En tal dormitorio, por ejemplo, no pueden ponerse las camas encimadas de los niños, dejando así espacio libre para los escritorios y los libros, porque la ventana fue ubicada justo en el medio, sin dejar espacio suficiente a los lados para apoyar el extremo de las camas. Además, el ventilador de techo podría decapitar a quien duerma en la cama de arriba. El proyectista de la casa –un *técnico*– no pensó en armonizar los muebles, con paredes, puertas y ventanas; no pensó en la vida, pensó en la construcción, que no es suficiente. Según esta perspectiva –que prevalece en el mundo– una vivienda popular se compone de materiales y mano de obra. Y nada más. El proyecto suele ser *típico*, (como si existieran sitios *típicos* y familias *típicas*) y sin crecimiento previsto. Quienes la ejecutan se llaman constructores. En muchas partes la Facultad de Arquitectura se llama Facultad de *Construcciones*, algo equivalente a confundir la literatura con la industria editorial.

Apostillas de la crisis

Cuando se detenía el subterráneo en Buenos Aires por tiempo indeterminado (en ocasiones a obscuras, entre dos estaciones) y nadie daba la cara, o una sola cajera habilitada en el banco enfrentaba una cola de dos horas, siempre me encontraba solo en la protesta. "¿Qué quieren decir con ese cartel LO PRIMERO ES USTED? ¿DÓNDE ESTÁ EL GERENTE?" preguntaba, solitario, con una gran sonrisa, y levantando la voz hasta alcanzar los decibeles de un recital. Por lo general obtenía resultados, pero los porteños, temerosos del ridículo, mantenían fijas sus miradas en un punto lejano y nadie se sumaba. "Debe estar loco", pensarían. A partir de la crisis las cosas han cambiado. Puede ser una señora de pelo blanco, un joven, o cualquiera que protesta ante cualquier problema, grande o pequeño, se convierte de inmediato en el centro de un grupo humano solidario. Además de las manifestaciones y cacerolazos, se ven grupos por todas partes y se arman "cabildos abiertos", muy interesantes, en todos los barrios. En internet hay un sitio llamado *www.todosjuntos.com*.

La excelente película "El hijo de la novia", premiada en el Festival de La Habana, muestra dos Argentinas: la de los padres que habían administrado con amor y calidez su restaurante y la del hijo (Darín), angustiado, pegado al celular, al frente del mismo negocio, pero en la época actual. El más tierno, el más cercano a la vida es el padre (Alterio). Finalmente Darín se queda con sus compañeros, se anima al afecto y compra un negocio mucho más modesto y más

tranquilo. Creo que algo parecido –aunque no tan sencillo–
está ocurriendo con *un sector* de nuestra clase media que,
al alejarse forzadamente del consumismo banal, empieza a
descubrir que no era tan maravilloso en realidad. Cuando se
apaga la luz que ciega, se encienden las estrellas.

Un diálogo:
–Mi club (Empleados de Comercio) es bárbaro, por una
cuota de $4,50 por mes tenemos dos piscinas, biblioteca con
aire acondicionado, juegos para los chicos, gimnasio, etcétera, etcétera. Me puse a pensar... ¿no se podría hacer lo mismo con el país completo?
–Sí, claro que sí. Se llama socialismo.

Durante el período especial –que nada tiene que ver en
sus causas ni en sus efectos con la crisis argentina, por supuesto– los cubanos inventaban palabras todos los días: *so-
yus* (mezcla de soja con nave espacial rusa), *papirriqui* (extranjero con plata), *chispa e' tren* y *bájate el blumer* (rones
caseros), *el camello*, (enorme cruza de bus con tractor), *ma-
sa cárnica* (de composición desconocida), *perro sin tripas*
(extraño embutido), etc.
En la Argentina las nuevas palabras tienen que ver con el
dinero: *corralito, pesificación, patacones-lecop-cecacor* (nuevos billletes), *uno-a-uno, flotación.*
Ya todos podemos criticar "al modelo", a la deuda exter-
na y a los políticos. Pero eso sí, defender abiertamente a Cuba, revelar sus cifras de desempleo, de salud, o hablar del
imperialismo (¿qué significa esa palabra tan *antigua*?...) nada. No me publican ni una carta de lectores sobre el tema.
Ni siquiera *Página 12*, que es de lo mejorcito. Censura total. Les ocurre lo mismo a otros intelectuales, de la talla de
Tato Pavlovsky, por ejemplo. (Hablando de ejemplo, parece
que ustedes son muy peligrosos). Uno puede quejarse, pero eso sí, sin dar en el clavo.
Este asunto de la tan cacareada "libertad de prensa" –como tantos otros– había sido ya sintetizado por José Martí: "la
libertad de prensa –dijo– permite que hable usted por los
codos cuanto se le antoje, menos de lo que le pica".

Colectivo y singular

El tema que más atrajo mi atención durante el discurso de Fidel en el reciente congreso de periodistas en La Habana, al que tuve el privilegio de asistir, fue "el uno por uno". "Quiero saber el nombre y la dirección de cada uno de esos niños desnutridos", dijo el comandante aquella noche refiriéndose al resultado de una estadística 35.000 niños (creo que 4,3%) en esas condiciones. "La desnutrición temprana produce daños permanentes. No debe haber ni un solo niño desnutrido en Cuba", agregó. Fueron movilizados entonces miles de trabajadores sociales y poco tiempo después quedó encauzada la corrección y el seguimiento afectuoso de cada uno de esos casos.

Los planes estatales para construcción de viviendas –entre los que hoy se destaca la veloz reparación de los daños producidos por el huracán Michelle– se complementan con el programa nacional Arquitectos de la Comunidad, inédito en el mundo, consistente en atender *una por una* a las familias del país que así lo requieran.[5] Los principales temas de consulta son el proyecto de casas nuevas, reformas, y patologías de viviendas existentes. El programa no incluye la

---

5   Los grandes impulsores del programa fueron el comandante Jesús Montané Oropesa –ya fallecido y de imborrable recuerdo para todo el pueblo cubano– y la arquitecta Selma Díaz. Casi todos los municipios del país cuentan hoy con un consultorio de arquitectura. Más información http://habitat.aq.upm.es/bpn/bp098.html.

provisión de materiales, muy escasos durante el período especial, pero sí el pensamiento previo a la obra que, en ciertos casos, no requiere de materiales sino de una resignificación de espacios, como, por ejemplo, el cambio de lugar de la puerta de entrada en una de las casitas de dos familias en conflicto, lo cual solucionó, no solo la circulación interior en una de ellas, sino también el conflicto. *La economía en una obra empieza con el pensamiento previo*, con el diagnóstico, antes que con los materiales. En ocasiones una casa puede "crecer sin crecer", aunque parezca imposible.

Comprobamos que al operar sobre los límites interiores de una casa, operamos también sobre cada familia. Descubrimos así necesidades nuevas, generalizables, como un rincón para estudiar en el dormitorio de los padres (poco utilizado durante el día), que sólo precisaría 60 centímetros más en uno de los lados, biblioteca incluida.

Esta interacción entre lo individual y colectivo es un pensamiento superador del concepto de "vivienda tipo", iguales para todas las familias y en todos los lugares.

Aquel "uno por uno" del discurso de Fidel, me impresionó tanto quizás porque vivo en un país donde los humanos somos apenas estadísticas para el Estado, pero en Cuba, ¿no fue acaso un solo niño, uno solo, Elián, quien se transformó en causa nacional hasta lograr su recuperación? Cinco cubanos presos en los Estados Unidos sienten que un país completo –el suyo– los quiere y luchará por ellos, sin olvido posible. Esta vinculación entre lo colectivo y lo singular, entre la política y los afectos, es algo nuevo en el mundo.

"Todos somos uno al mismo tiempo y en todas partes", dijo una vez en capitán Núñez Giménez en los primeros años de la Revolución. Todos son también diferentes y singulares, pero son uno. Y ese uno, contiene a todos. Por eso son invencibles.

Aprender y enseñar

No es fácil comunicarse con un cubano sin saber una papa de béisbol, como me pasa a mí. Ahora mismo acabo de irrumpir por teléfono en la embajada cubana en la Argentina para que el cónsul me explique qué cosa es "Entre 3 y 2", título de la interesante nota sobre orientación vocacional firmada por Luis Ramón Vázquez Muñoz (J.R. 27-01-02).

Resuelta la incógnita, y apoyado en mi experiencia sobre el tema, quisiera reflexionar sobre algunos puntos relacionados con la vocación.

Atención con el dilema "conveniencia económica versus vocación" a la hora de elegir un destino laboral. Es penoso ver gente en las oficinas mirando el reloj, calculando la hora de salida que nunca llega. Cuando uno hace lo que le gusta, el tiempo fluye felizmente y en ocasiones hasta nos olvidamos de almorzar. "El tiempo", no es solo la jornada laboral, sino la vida entera. Cuando terminamos el "pre" elegimos algo más que una ocupación y un sueldo, *elegimos una vida*. Y no solo una vida laboral, también una vida personal, porque la noche la hace el día.

La universidad:
   –¿Dónde te inscribiste finalmente?
   –En odontología.
   –¿Pero no te gustaba la arquitectura acaso?
   –Si... pero hay matemática, y no me gusta...

Recuerden que la carrera dura cinco años y la vida laboral cuarenta. Es muy cierto que las pruebas de ingreso exigen conocimientos innecesarios. En algunas facultades de arquitectura sería rechazado como ingresante el mismísimo Frank Lloyd Wright. Los estudios universitarios deberían incluir *la alegría del descubrimiento* antes que la exigencia sobredimensionada, y enciclopedista de conocimientos. La eficiencia está íntimamente relacionada con la obtención de placer en el trabajo. El estudio podría ser algo excitante y alegre, casi tanto como el descubrimiento de una mujer (o de un hombre, aclaro, para que no se enojen las feministas). Esta transformación sería verdaderamente revolucionaria.

Destinos laborales

No me convenzo de que la falta de gasolina sea un impedimento para que los preuniversitarios puedan conocer sus opciones laborales en una sociedad de puertas abiertas, donde son capaces de ganar cualquier batalla menor, o mayor, a fuerza de ingenio y de fe. Los traslados institucionales en guaguas podrían reemplazarse por visitas en grupos chicos, en cada barrio, para conocer cómo es ser dentista (estomatólogo), bombero, electricista, carpintero, kinesiólogo, investigador o entrenador de béisbol. Los mismos estudiantes podrían organizarlo.

Un profesional entrevistado por Vázquez Muñoz dijo que no podía concurrir a los "pre" para ilustrar a los muchachos sobre determinado trabajo, porque "si se ausentaba perdía el porcentaje de estimulación". Es necesario replantear esas normas típicamente burocráticas, en sentido peyorativo del término. Algunos horrores urbanos (como el monoblock que linda con la iglesia en la plaza principal Ciego de Ávila, por ejemplo) son consecuencia de estas normas, que rigen en muchas partes del mundo, según las cuales un arquitecto no necesita despegarse de su tablero para estudiar el sitio o escuchar a sus clientes.

Para terminar, les pido disculpas a los estudiantes cubanos por mi intromisión en la discusión de estos temas desde tan lejano lugar en el mundo. Me hubiera gustado estar allí, en el congreso, intercambiando ideas y contagiándonos pasiones. Sin la pasión, muchachos, la vida se parece a un horario de tren. No la pierdan nunca.

Clase de Historia de la Arquitectura.
Parque 2 de Febrero, Resistencia, Chaco, 1958.

La sombra del árbol

*Es un vulgar error suponer que uno ha gustado
unas grosellas que nunca recogió por sí mismo.*
Henri David Thoreau

La sombra de aquel árbol era nuestro lugar preferido para enseñar (y aprender) Historia de la Arquitectura Argentina, una materia recién introducida en la carrera.[6] No éramos expertos, pero teníamos claro nuestro objetivo: *que los muchachos llegaran a sentirse dentro de la historia*, relacionándola con su propia vida y con otros conocimientos. Organizados en pequeños grupos, los alumnos debían investigar temas diferentes y una vez a la semana se producía el intercambio en el parque de la Facultad, bajo la copa del árbol que nos protegía del sol inclemente del Chaco. Una cantidad de gente estudiando y repitiendo lo mismo es un verdadero desperdicio. La riqueza de un grupo está en la interacción, como en el jazz, no en la sumatoria de sus integrantes.

Uno de los equipos registraba los hechos sobresalientes en la historia social y política del mundo en los últimos 100 años, aproximadamente. Otro grupo hacía lo mismo, pero en la Argentina y en el Chaco. Otro estudiaba los edificios en la ciudad donde vivían y otros revisaban la literatura buscando descripciones de la vida y su relación con el hábitat... Todos los equipos tenían como tarea adicional *entrevistar a su propio abuelo*, o aun al bisabuelo, cuando fuera posible.

---

6 El principal autor de la idea fue mi colega Juan Molina y Vedia, quien pocos años después (1963) trabajó en la oficina de proyectos de Santiago de Cuba.

Eran muy interesantes los diálogos espontáneos, donde se revelaban vinculaciones entre la primera guerra mundial, por ejemplo, y el abuelo que hizo mucha plata juntando hierro en esa época. O entre el abuelo anarquista, empobrecido repentinamente, su mudanza a un barrio humilde, la crisis del 30 en la Argentina y el crac de la bolsa norteamericana en 1929. El patio de sus propias casas los condujo al modelo original italiano de donde provenían los inmigrantes que fundaron las primeras colonias en la zona. El entusiasmo era constante mientras todos aprendíamos y nos sentíamos parte del mundo.

Y eso no fue todo. ¡Qué felices se ponían los abuelos al ser entrevistados, en serio, por sus nietos!

¡Y qué diferencia con memorizar la cantidad exacta de columnas de cada uno de los templos egipcios, griegos y romanos, cuya relación con la carrera nunca llegamos a vislumbrar cuando éramos alumnos en la Facultad de Buenos Aires! Durante un examen el profesor me preguntó: "¿Cuántas patas tienen los leones que están a la puerta del palacio de Sargón en Korsabad?" Deduje rápidamente que no serían cuatro y me arriesgué:

–Tres –respondí con convicción.

–No señor, cinco.

Nunca olvidaré la famosa "pata supernumeraria" (¿sería una pata?...)

En aquella facultad solíamos copiarnos con microscópicos machetes (chivos) ingeniosamente ocultados, aunque esa vez lo del león me tomó por sorpresa y fui reprobado.

En 1958, bajo aquel árbol, nadie hizo fraude.

El trueque

Si en este preciso momento me preguntaran qué es para mí la literatura, respondería: tres kilos de remolachas, cuatro kilos de papas y una docena de bananas.

Estos fueron los productos obtenidos jubilosamente por Nidia, mi mujer, a cambio de un par de ejemplares de un libro mío en uno de los setenta "nodos" (sitios) del Club del Trueque en la ciudad de Buenos Aires. Si los libros son el alimento del alma, los míos alimentan hoy su envase corporal al que no deseo renunciar, pues no me simpatiza la imagen de mi alma vagando por allí sin apoyo logístico. Los lectores, por su parte, recibirán la recompensa tradicional que puede ofrecer un libro: conocimiento, emoción, la risa, y si fuera posible, todo eso al mismo tiempo, a cambio tan solo de algunas verduras. No es mal negocio. ¡Y todavía me quedan dos mil ejemplares que compré por monedas cuando quebró la editorial![7]

Todo el mundo tiene productos o servicios que nadie compra por falta de dinero; todos necesitamos algo que no podemos pagar por la misma razón. En "el trueque" se pueden canjear arreglos eléctricos por una consulta de psicología o panes caseros por clases de computación, o viajes en taxi. No hay dinero, ni publicidad, ni intermediarios,

---

7 El libro aludido es *Cuba existe, es socialista y no está en coma* (1992) del cual se han vendido seis ediciones en la Argentina. Quisiera donar (¿o canjear?) una cantidad a Cuba. Escucho sugerencias.

ni gastos, ni envases costosos, ni corralito. Es "lo efectivo, sin efectivo".

La permuta no tiene que ser directa. Unos papelitos numerados, llamados *créditos*, son canjeables por cualquier cosa ofrecida. Cada *prosumidor* (productor y consumidor al mismo tiempo), de pie junto a una mesita, fija los "créditos" a entregar por el servicio u objeto ofertado. El trato interpersonal es distinto al que se genera en una feria o en un comercio. Nadie intenta convencer a nadie de que compre. "No no... esto no te conviene...", se escucha decir. El consumo no es la meta allí, sino lo que se necesita. Estos lugares son tranquilos y en algunos casos, mejoran los deprimidos por la crisis. Hasta se curan.

En la Argentina todo el mundo conoce el trueque, va, y le gusta. El municipio de Chacabuco acepta créditos para pagar los impuestos y se habla de pagar los servicios (luz, gas, etcétera) del mismo modo.

¿Hay problemas? Siempre los hay cuando se emprende una nueva senda, pero no afectan la esencia y no cabe aquí su planteo.

El sistema comercial más antiguo del mundo, el trueque, es un camino más entre otros que encuentra el pueblo actuando *en red* y eso es lo bueno.

Modesto

Pronto se cumplirán cuarenta y un años de mi primer encuentro con Cuba, donde aterricé pocos días después de Girón. Muy pronto Modesto Campos me envió a Baracoa, donde transcurrieron los dos años más intensos de mi vida. Mi tarea principal era la construcción del barrio Turey, pero, ¿cómo olvidar las cosechas de caña, de café, las discusiones con los obreros y con la ORI, (el partido de aquel entonces), las dificultades innumerables, la crisis de los cohetes, el órgano de Manzanillo que llegaba en camión cruzando los ríos, el baile y la cerveza en la apretada placita del pueblo, con el busto del indio Turey mirando fijo al portal de la iglesia? Todavía está allí, aunque más grande, mi cuartito en el hotel Miramar, donde fui un huésped mimado de la Rusa.

Recuerdo "las cuatro bocas", siempre engrasadas, y los cañones con los que esperábamos una posible nueva invasión; los ojos de las postas fijos en el horizonte nocturno, tendido sobre el mar. "Si vienen, esta vez quedan. Ya lo dijo Fidel". Y el único cine del pueblo donde todavía se pasaban películas norteamericanas de guerra, y los buenos eran ellos, claro que a la salida del cine todos entendían el mundo real. Como la distancia del proyector a la pantalla estaba mal, al principio cortaban la traducción y hacia mediados del año sesenta y uno el operador, a pedido del público, subía la imagen degollando a los actores cuyas cabezas se acercaban al límite superior de la pantalla. La gente ya había aprendido a leer y prefería saber lo que decían, aunque los vieran sin cabeza.

La campaña de alfabetización. Tengo fotos de aquellos niños maravillosos –hoy deben tener entre cincuenta y sesenta años– con su uniforme y su farolito chino. Les enseñaron a leer a obreros y campesinos que podrían haber sido sus padres y aun sus abuelos.

Se desata en mi mente esta cascada de recuerdos porque hoy, 4 de marzo de 2002, murió mi jefe y mi compañero de entonces, Modesto Campos, que me envió a Baracoa, me alentó y me apoyó siempre en mi lucha por llevar adelante el barrio. Desde entonces creció nuestra amistad alimentada por nuestros encuentros, cada vez que viajaba a La Habana. Modesto fue un revolucionario cabal, arquitecto brillante, artesano y dibujante excepcional, amigo sincero, como le gustaban a Martí, amante enamorado y cariñoso, querido por sus centenares de alumnos que siempre lo visitaban, como Yeni, joven arquitecta de la comunidad en Baracoa. Hoy siento la necesidad de abrazarme con todos ellos, con Ruth, con sus amigos y compañeros, con Osmany. Como no puedo hacerlo físicamente lo hago desde mi apreciado rincón de los sábados en *Juventud Rebelde*. Modesto vivirá para siempre en el corazón de ustedes y también aquí, en el revuelto y lejano sur del mundo, vivirá en el mío.

El acoso

Hasta hace pocos años era posible cruzar el Río de la Plata en un barco, sobre cubierta, disfrutando del atardecer que incendiaba el horizonte. Soplaba un viento tibio con olor a río y después iban apareciendo las estrellas sobre el telón gigante de la noche. No era poco para quienes nos hemos acostumbrado a vivir sin cielo, sin silencio y sin aromas.

Hoy los barcos carecen de cubierta accesible. Viajamos atrapados en los asientos frente a un televisor obligatorio que nos informa sobre la amplia variedad de productos que deberíamos comprar en el shopping del barco, dos pisos más abajo. Un breve documental nos muestra el maravilloso paisaje del Gran Cañón del Colorado donde, probablemente, otros viajeros encerrados en algún moderno transporte estén disfrutando de un documental sobre... el atardecer en el Río de la Plata. Aunque, en realidad, los yanquis no son tan tontos y sus transportes seguramenete tienen menos televisores y más posibilidades de gozar con el paisaje. Los cholulos siempre copian mal.

Mientras tanto, en otros pisos del barco-shopping, los nenes se entretienen con videojuegos, es decir, con lo mismo que estaban haciendo en su casa antes de embarcar. ¿Pero cómo, no les habían prometido los padres cruzar el río en un barco, por primera vez en su vida, ver la maniobra de amarrar a ese gigante en el muelle? Nada de eso. Del videojuego pasarán a un pasillo-tubo y sin darse cuenta pisarán el Uruguay. ¿Solo eso es viajar? ¿No será posible conciliar la comodidad con la emoción de un viaje? ¿Qué hemos perdido y qué hemos ganado, casi sin darnos cuenta, con este "progreso"? "A veces el progreso es reaccionario", dijo Ernesto Sabato.

Si el viaje es por avión y el vuelo se retrasa dos horas, será imposible encontrar algún rincón para entretener el cerebro con el libro que habíamos llevado. Todo el aeropuerto, excepto los baños (hasta ahora...) está cubierto por televisores dispuestos cada cuatro metros uno de otro. Lo mismo ocurre en los bares, los subterráneos, y aun en los colectivos. Permanentemente estamos sometidos a recibir información obligatoria. En la calle deberemos aceptar papelitos que nos entregan –lo cual es fastidioso– o rechazarlos, lo que nos hace sentir groseros. Cualquiera que sea la dirección hacia donde miremos, allí estará la propaganda. Durante el viaje a Mar del Plata en auto, el paisaje (paisaje: *pays sage*, país sabio) ya no se ve; viajamos adentro de un tubo de carteles con órdenes para que compremos, fumemos o tomemos centenares de productos.

Al llegar a casa sonará el teléfono y voces amabilísimas nos ofrecerán tarjetas de crédito, celulares, enciclopedias, jubilaciones privadas y tumbas de lujo con vista al parque y precios que "usted no puede dejar de aprovechar". "Pague ahora, muérase después". La información chatarra satura la computadora y casi no deja espacio disponible en el cerebro. Un guardabosque de Canadá alimenta la estufa de su casa durante todo el año con los mailings que recibe de todo el mundo (ahora se avivó y los pide).

Si a todo eso le agregamos el fútbol por radio, por televisión, en vivo, diferido, de Europa y de todas partes... ¿qué porción de nuestro "disco duro" nos queda libre para pensar o para sentir, en calma? ¿Será necesario incorporar a las constituciones *el derecho a que no nos informen durante algunos minutos al día*?

¿Y si propusiéramos la creación de pequeñas cabinas-refugio cada 500 metros? Seguramente pronto aparecerían los espacios publicitarios: "¡DOS MILLONES DE PERSONAS POR DÍA VERÁN (O ESCUCHARÁN) SU ANUNCIO EN LAS NUEVAS CABINAS-REFUGIO!"

El acoso sexual es peor, pero al menos está prohibido; en cambio, este, el acoso comercial, se llama *marketing*. Y se enseña en la universidad.

El derecho a la belleza

Habitamos las capas concéntricas de una cebolla:
cuerpo-ropa-casa-auto-ciudad-país-planeta.
En todas ellas la belleza es una necesidad vital.

Barnizados o pintados de todos los colores, cuidados, perfectos, asomando bellamente de infinitas sandalias, los de-
ditos de los pies de las mujeres atrapan mi atención en todas partes. No puedo dejar de mirarlos. A veces el dedo
siguiente al mayor es más largo (¿por qué?) otras, igual; en
fin, hay variantes. Las imagino con exactitud sentadas sobre
la cama con pincelito minúsculo, el extremo de la lengua
asomando entre los labios, y la mente vaya a saber por dónde durante esos momentos de paz, sin jefes, ni hombres ni
nenes a la vista. La uñita menor es increíblemente pequeña
pero la pintan igual, como si fuera de verdad. Entre la uñita más pequeña y la ionosfera está todo el mundo visible:
la ropa, la gente, los aparatos, la casa, los autos, los avio-
nes, la naturaleza, en fin, todo. Y en todo, hasta en el ran-
chito más humilde, está presente la intención estética, aunque sea en un detalle.

La estética es inherente a nuestra vida, como lo es la belleza de las flores para los insectos. Sin embargo, en algunos
países del mundo existe algo que no se salva de la fealdad
y es el escenario urbano, conformado por el exterior de los
edificios utilizados como soportes de horribles carteles publicitarios, o tirados abajo sin que a nadie, o a muy pocos,
le importe. Simplemente, no lo ven. La costumbre, como la
ira, provoca ceguera. Esto es lo que ocurre en la Argentina
y en Estados Unidos, no tanto en Europa y menos aún en
Cuba, donde el cuidado y el respeto por los edificios memo-
rables es máximo.

"El trust joyero" en el centro de Buenos Aires. Hasta la cúpula está cubierta por publicidad; apenas asoma el reloj. Podría argumentarse que Mac Donald's es un inevitable producto de la globalización. En Venecia, sin embargo, la famosa "M" mide treinta centímetros. Pequeña diferencia.

La contaminación visual es menos dramática que otras, pero existe y daña nuestro espíritu. Los seres humanos debemos defender *nuestro derecho a la belleza* del que poco se habla. Cuando son afectados lugares significativos para la comunidad, lo que está en juego, además de la belleza, es la memoria social, es decir, nuestra identidad. Casi nada.

La identidad

Las películas de ficción como "Robocop", entre otras, muestran que para crear un monstruo sin escrúpulos no es necesario "inyectarle monstruosidad" o algo así. Basta con privar de la memoria a una persona normal. Memoria e identidad son lo mismo.

La memoria se apoya en lo visual-personal (un mueble, un reloj, una foto), en las melodías, en los aromas y también en lo visual colectivo como determinadas esquinas de una ciudad, tal o cual árbol, un bar o un barrio entero. Es por esa razón que algunos países cuentan con una ley protectora de esos lugares, llamada "ley de protección ambiental". No hace falta que en tal edificio haya nacido un prócer o que tenga valor arquitectónico para que sea protegido. Basta con que sea *memorable* para la comunidad, que es, en definitiva, quien debe catalogar los lugares, con el asesoramiento de hombres de la cultura: poetas, historiadores, escritores y arquitectos. No burócratas.

La Pirámide de Mayo, ubicada en el centro de la Plaza, recuerda la Independencia que no fue, transformada hoy en símbolo de la resistencia heroica de las Madres que siguen rodeándola en sus vueltas de los jueves, desde hace más de 25 años.

Cacerolazo

Un incipiente repiqueteo de cacerolas, a lo lejos, nos invita a bajar. Es el cacerolazo ritual de los viernes por la noche, en Buenos Aires. Enfilamos derecho por la calle Defensa hacia la Plaza de Mayo, a diez cuadras de casa. A medida que avanzamos, nuestro grupo se va compactando al ritmo creciente de las cacerolas que ahora es fuerte y cadencioso, parece el Caribe. Empiezan los estribillos, coreados por todos: *"Paz, trabajo, la deuda al carajo..."* *"A ver, a ver, quién dirige la batuta, las asambleas o el gobierno hijo de puta..."* *"Piquete y cacerola, la lucha es una sola"*. Otros ríos humanos van convergiendo en la plaza por las calles que allí desembocan: piqueteros, representantes de asambleas barriales, un grupo de Madres de Plaza de Mayo, en apretado abrazo con Hebe de Bonafini en el centro. Las protege un círculo de allegados que deja un vacío de seguridad en el medio: *"Madres de la Plaza, el pueblo las abraza"*, coreamos todos. Luces de la televisión, flashes de fotógrafos. Uno de ellos, japonés, parece ser un turista (¿turismo aventura?). Siguen los cánticos: *"Policía Federal, la vergüenza nacional"...*, *"que se vayan todos, que no quede ni uno solo..."*. Una señora rubia, muy elegante, sostiene un cartel: *"Que se cumpla la Constitución"*, dice con prolija letra de computadora. Parece de otra película, pero todos la miran con simpatía. No hay conflictos. No se ven carteles de partidos políticos. Ni políticos. Disfraces. Carteles originales colgando de los cuellos. Banderas envolviendo muchachos, viejos y mujeres hermosas.

Tomados de la mano, formamos cadenas protegiendo los flancos de las columnas para que no se infiltre ningún provocador de la policía. El sistema de seguridad es espontáneo, opuesto a la rigidez de los policías alineados en posición de firmes detrás de sus corazas, del otro lado de la valla que parte la plaza en dos. Más atrás, como un telón inerte, iluminado, la fachada de la casa de gobierno pintada de color rosa intenso; solo la fachada, lo demás no está pintado. Una representación perfecta de la débil máscara del poder.

La pirámide de mayo, blanca y geométrica, que se recorta contra el negro del cielo, (la noche no tiene estrellas en las grandes ciudades), nos recuerda la independencia que no fue: 1810.

Las caras sonríen, los brazos se extienden con ganas de luchar. Todos saltan. Ahora es una franca batucada. *"El pueblo unido jamás será vencido"*. ¿Adónde ha ido a parar la hermosa pero derrotista melancolía del tango? (*"Decime tu fracaso... contame tu condena..."*. *"Ni el tiro el final te va a salir..."*. *"Adiós muchachos..."*) ¿Estamos felices? En absoluto. Solo estamos alegres a pesar del dolor y junto con la bronca. "La alegría es revolucionaria", dijo Roque Dalton.

Por la madrugada, volviendo a casa, cruzamos gente revolviendo la basura. ¿Cómo se habrán sentido la primera vez? Reímos, es cierto y también lloramos. Y peleamos. ¿Cómo será lo nuevo? Será nuevo y será nuestro.

Ya en la casa escucho un reportaje por la radio:

Periodista: –¡Pero usted debería pensar que en cada vereda hay algo de verdad...!

Piquetero: –Cuando el pueblo camina, camina por el medio de la calle.

Aprender y enseñar II

¿Tenés mucho que estudiar para mañana?
—le pregunté a mi hija que acababa de llegar del colegio.
—No papá, por suerte esta vez nos dieron muy poco.
—¿Ah sí? ¿Qué?
—El universo.

Esta maravillosa respuesta me hizo reír, por supuesto. Poco después me vi armando sistemas solares hechos con naranjas, en medio del living, y mientras las movía de a una, rescataba de mi memoria retazos de Carl Sagan y algunos jirones de física, atrapados alguna vez en libros de divulgación. Pero Ana no parecía interesada y me remitía lacónicamente a su libro de texto, al que señalaba diciéndome: *"Pero papá, es solo desde acá hasta acá"*.

Su verdadero universo, pensé, no era ese de las naranjas y los años luz que yo intentaba describirle, sino otro más cercano, hecho de madrugones e innumerables fragmentos inconexos, que año tras año van modelando el colegio. Para ejemplificarlo, nada como la anécdota de Cecilia Solá, que al llegar de la escuela le dijo a la madre que tenía mucho que estudiar para el día siguiente. "Decime qué y yo te ayudo", se ofreció la mamá. "¡Mariano Moreno, la vizcacha y el mármol!", contestó Cecilia, angustiada.

Por supuesto que no se trataba de la vizcacha formando parte de la pampa, cómo vive, qué come o cómo se come, sino de la parte superior del aparato digestivo de la vizcacha, y de Mariano Moreno solo la fecha de su nacimiento y el lugar de su muerte. En realidad toda la historia era incomprensible en el colegio. No entendíamos qué hacían los ingleses invadiéndonos solo a nosotros en 1806 y 1807. Recién muchos años más tarde supimos que andaban invadiendo por todas partes y que eso se llamaba "imperio inglés". La historia argentina era una materia completamente aislada de la historia mundial, con lo cual se lograba que nadie entendiera nada. Las evaluaciones preuniversitarias arrojan resultados catastróficos: no saben redactar, no han leído y hasta desconocen la ubicación de los continentes, como lo demuestran encuestas recientes en la Argentina, en Estados Unidos y en otras partes. Transcurren así nada menos que doce años (¡!) en la vida de los chicos sometidos a un bombardeo de información poco congruente. En mi barrio los veo pasar rumbo a la escuela arrastrando maletas con rueditas, como si viajaran a Cancún. Antes llevábamos apenas un portafolio con todo lo necesario; es decir que la cosa empeora, al menos por aquí.

Este tipo de desconexión a la que fuimos habituados desde niños, se prolonga en la vida adulta a través de un bombardeo continuo. Hasta en los ómnibus urbanos hay pantallas digitales con noticias inconexas, una tras otra, creándole a la gente la ilusión de estar informada. En la Argentina la mayor parte de los medios atribuyen la crisis económica al presupuesto del Estado, dejando intacto al neoliberalismo a partir del cual se giraron –y se siguen girando– al exterior, mediante trucos diversos, ciento sesenta mil millones. Mucha gente no lo entiende... todavía.

¿Cómo se hace para condenar la depredación ambiental, eludiendo la explicación de sus causas? Un ejemplo: programa radial sobre ecología. Voz sentenciosa del locutor, con fondo de música sacra... "Si continúa el ritmo actual de la pesca comercial, en menos de 15 años no habrá más peces en los océanos. En algunas partes se pesca con redes de hasta siete kilómetros de largo". Conclusión: "El Hombre (dicho así, con mayúsculas) destruye su propia casa..." A ningún hombre se le ocurre pescar con una red de siete kilómetros, ni siquiera a los que lo están haciendo por cuenta de una multinacional. El *sistema* es el verdadero responsable de la depredación del ambiente. Pero esta explicación permanece oculta, a veces hasta para los mismos que difunden estos enfoques. "Se domina mucho mejor si el dominado no tiene conciencia de ello", dijo en La Habana Ignacio Ramonet durante la presentación de su libro: *La propaganda silenciosa*, que pronto espero conocer.

Excalibur
Dondequiera que ella estaba *allí* era el Edén.*

Decidido a iniciar sus merecidas vacaciones del futuro en soledad, Excalibur** arrojó en su mochila a Chesterton, Benedetti, Mark Twain, la Biblia y una camisa a cuadros azules. Destino: Mar del Plata, el territorio de los veranos en su infancia.

En la ficha del hotel anotó su edad, quitándose con coquetería tres años: 100, escribió en la casilla correspondiente.

Por la mañana debió sortear a un grupo de estudiantes de historia, que enteradas de su edad, lo aguardaban para entrevistarlo, pero Excalibur cruzó el hall como una exhalación montado en sus zapatillas, rumbo al mar, sin que le afectara, al parecer, el invierno gris y lluvioso de aquel año 2034.

Por el malecón serpenteante, el olor del mar. A su izquierda, el mismo mar de antes, las mismas rocas, el mismo camino; a su derecha, los horribles edificios de la segunda mitad del llamado siglo XX. Suavemente la calle descendía hacia Playa Grande, vacía, sin una sola carpa, la arena hú-

---

*   Palabras finales del libro de Mark Twain: *Los diarios de Adán y Eva.*
** Nota: Excalibur es un personaje que ha ingresado en este libro con el fin de entretener y reflexionar con los lectores. Es un turista (todos los somos en este mundo) dotado de la capacidad de eludir la secuencia temporal. A manifestado intenciones de entrometerse –desde aquí– con otras secciones del periódico, como "Sexo sentido", por ejemplo, pero por el momento el autor lo mantiene bajo control. Sus apariciones serán esporádicas. Responde mensajes y preguntas de los lectores.

meda. Allí rebotaron por fin las piernas de Excalibur. ¿Era aquí donde vio por primera vez un ombligo de mujer, el primer "dos piezas" en 1948?; ¿era aquí donde estaba su carpa del Golf? ¿Habrá sido aquí, exactamente aquí o más allá su primer beso, a los 13 años con Cristina? La playa que antes parecía tan larga medía apenas unos 300 metros; era solo el cielo gris y la arena, una zona imparcial sin aquí ni allá. ¿Qué es aquí para el pez que ocupa un lugar que nunca más será, que nunca es porque ya fue?, ¿o para el planeta nuestro cruzando el universo montado en su órbita, girando en ningún lugar? ¿Y las olas contra las rocas? La espuma inmovilizada un segundo antes de caer mil veces, un millón de millón de veces contra las mismas rocas, la misma diferente espuma que congela en el aire su belleza, un instante nada más. ¿Se enfrenta el mar a las rocas o las acaricia? ¿Dónde estará María Eulalia, en qué Baconao galáctico? Ella estaba aquí, en el corazón de Excalibur trotando, recordando. No hay aquí.ni allá fuera del corazón del hombre.

El hombre-siglo se quitó las ropas y se sumergió en el mar helado.

Continuará.

¡Cuidado, curva peligrosa!

Hay dos o tres temas referidos a la crisis argentina que los medios repiten aquí durante semanas, sin desarrollarlos debidamente; después los abandonan o los cambian por otros. (Todo mezclado con mucho fútbol, avisos de champú y crímenes varios). Uno de estos temas es el *peligro de cubanización,* una advertencia seguida siempre de puntos suspensivos, ya que no es necesario explicar en qué consiste este *peligro;* cuarenta y tres años seguidos de propaganda y ocultamiento han convertido la palabra "Cuba" en un adjetivo descalificador ante los oídos de muchos. Basta con decir *cubanización* y ya se sabe que es malo. Es notable como puede ser reemplazado el contenido de una palabra, y en consecuencia el pensamiento, sin que muchos lo adviertan.

Si observamos a Cuba a la luz de nuestros reclamos en la Argentina, sin descartar por eso los problemas y errores que tienen los cubanos, muy diferentes a los nuestros, comprobaríamos que:

1. La desocupación: en la Argentina supera el 20% y se acerca al 30%. Los "cubanizados cubanos" tienen hoy el 4,5% de desocupación con tendencia al 3,5% para el año 2003. Durante el 2002 se perdieron en la Argentina más de 700.000 empleos. En Cuba (con tres veces menos población) se crearon más de 100.000 empleos nuevos.

Además, ningún desocupado cubano duerme en la calle ni pierde su salud por falta de medios, ni se alimenta en los tachos de basura.

2. Corralito: los cubanos tienen sus ahorros en pesos, en bancos cubanos, sin inflación y sin riesgo alguno.

3. Violencia policial: ni un solo reclamo por tortura, asesinato ni desaparición de personas. No se conocen corazas, gases, tanques Neptuno, ni perros de policía. Todos los perros cubanos son civiles (excepto algunos que olfatean droga en los aeropuertos).

4. Jubilados: todos cobran, sin rebajas.

5. Clase política: no hay. Cualquiera puede ser elegido —en el barrio y por sus virtudes— diputado, gobernador, alcalde y aún presidente si demostrara méritos y prestigio superiores a Fidel Castro, a juicio de los ciudadanos.

6. Costo político: no hay. No hay campañas publicitarias, solo hojitas blanco y negro con los antecedentes de cada candidato. Ganan lo mismo que cualquiera. Mandatos revocables por asamblea popular (una utopía en la Argentina).

7. Partidos políticos: no hay. El Comunista es algo *tan, pero tan* diferente, que no debería llamarse Partido (o, por el contrario, deberían cambiar de nombre todos los demás, lo que es mucho pedir.) No propone candidatos, ni estos deben pertenecer a él, ni hace campañas.

8. Jubilaciones de privilegio: no hay.

9. Dinero del país fugado al extranjero: no hay. Inflación: no hay.

10. Manifestaciones: el pueblo junto a sus dirigentes. El presidente concurre a partidos de béisbol y es ovacionado. ¿Qué político se animaría por aquí?

Aclaro que no creo que debamos copiar a Cuba. Nosotros debemos inventar lo nuevo, lo nuestro, como lo hicieron —y lo siguen haciendo— los cubanos, pero cabe preguntarse en relación a este *peligro* que nos acecha: ¿en qué consistiría un cacerolazo si nos *cubanizáramos*? ¿Cuáles serían los reclamos?

¡Opinadores argentinos, opinad!

La ciudad perdida

Cercadas e inútiles para todo el mundo, centenares de hectáreas yacen durante años en pleno centro de la ciudad de Buenos Aires esperando el negocio inmobiliario que no llega. Algunos son terrenos públicos y otros son privados, pero los verdaderos privados somos los ciudadanos, privados de viviendas –que se construyen penosamente, sin redes, cada vez más lejos–, ciudadanos privados de parques, de huertas urbanas, en fin, del escenario social de la vida. La esencia del urbanismo democrático debiera ser la posesión y el goce del espacio público, no el negocio de unos pocos, que, además, no ocurre.

*Enorme terreno dedicado, desde hace más de veinte años, a la
cría y reproducción de ratas entre la avenida Córdoba,
Reconquista y Viamonte. En las angostas veredas perimetrales se
apretujan los adolescentes sin lugar en el mundo.*

La ciudad robada*

La Gendarmería Nacional cuida nuestras fronteras, al menos ese es el objetivo. Pero, ¿quién cuida el lado de adentro de nuestro territorio? En Buenos Aires, por ejemplo, los ciudadanos, perdemos todos los días un pedazo de tierra pública para cedérsela al Automóvil Club Argentino, al club Gimnasia y Esgrima, a Ferrylíneas o al Ministerio de Guerra (y no hablemos del resto del territorio nacional). Los ex bosques de Palermo pasaron de 720 hectáreas públicas a menos de 200. Lo demás está "cedido", "concedido" o "donado", como el Jardín Japonés, un verdadero cuento japonés, con una "Casa de té" de hormigón armado, con mesas de plástico y luz fluorescente donde lo único japonés es un mozo, que en realidad es coreano.

La soberanía territorial no reside solamente en los altos picos nevados, ni en la Antártida, la base Marambio o las Malvinas. Alcanza también a los parques, las veredas, y las costas de nuestras ciudades, que, además, deben ser bellas.

---

*   *Nota del Autor:* este artículo es publicado simultáneamente con J.R., en la nueva revista argentina *Cacerolazo*, número 2.

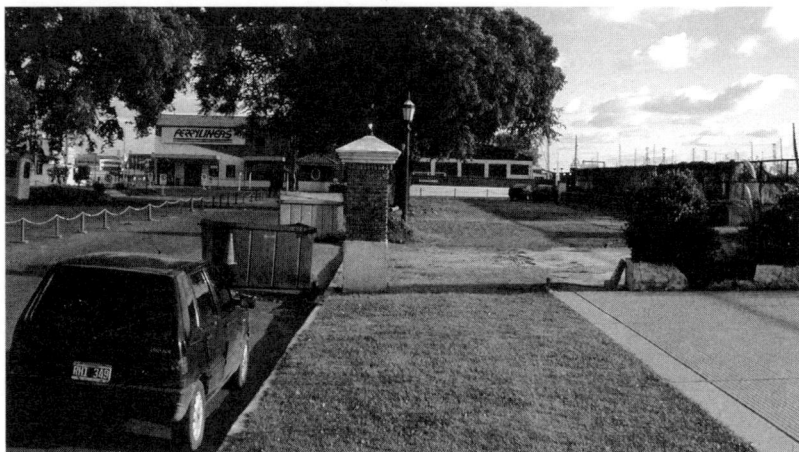

Extremo norte de la Costanera Sur.
Etapa actual del robo de un pedazo de nuestra Costanera Sur.
No colocaron baldosas nuevas allí (municipalidad cómplice) y
levantaron el canterito, listo para limitar el sector, destinado a
estacionamiento, probablemente.

Ministerio de Guerra en Buenos Aires. Poco a poco se fueron apoderando
de una plaza pública. Hoy está enrejada y le cambiaron el nombre.

Excalibur II

Un sol inesperado recordó a todos que siempre está allí, escondido, aunque el mundo parezca algunas veces irrevocablemente gris. Su luz amarillenta cubrió como un manto el trote de Excalibur rumbo al hotel, devolviéndole el calor perdido durante su breve zambullida en el mar...

Después la ducha caliente y esas toallas perfectas, tibias y secas, imposibles de exigir en una casa normal, con una mujer normal, aunque, justo es reconocerlo, Excalibur no había experimentado nunca esa conjunción. Cada tanto prefería los hoteles, a las manos familiares. "Room service" es un término impersonal pero agradable, sin compromiso afectivo, como la palabra "parrilla", fugándose al borde de la carretera. El sonido de la palabra "cine", en cambio, tenía un aroma especial; evocaba el cono de polvo en la sala obscura, un chocolate a mano, y uno allí, construyendo recuerdos.

El almuerzo leve y la siesta profunda pusieron a Excalibur de tan buen humor que accedió por fin a ser entrevistado por las vivaces niñas que habían intentado interceptarlo por la mañana, en el hall del hotel.

—Profesor Excalibur, cuéntenos cómo era esta ciudad de Mar del Plata en la década de 1940. Nos interesa lo cotidiano porque...

—Por favor, díganme Excalibur nomás, sin el profesor, o mejor "Es". Me recuerda a Jesús cuando le preguntaron quien era: "Soy el que soy", contestó. ¿Qué respuesta no?

—Pero bueno, era Dios, podía permitirse esa forma de vanidad. Convengamos en que resulta difícil imaginar a un

Dios vanidoso, aunque tampoco sería muy lógico un Dios modesto. ¿Se lo imaginan?: "No no... el mío es un trabajo como cualquier otro yo también cometo errores."

–¿El error de crearnos a nosotros?, interrumpió Mireya, irónica.

–Y díganos prof... quiero decir "Es"... *(Todas rieron aquí. Marcela reorganizó el cruce de sus piernas y se acercó a la mesa, apoyando el mentón sobre las manos. Durante una fracción de segundo Excalibur controló el pliegue móvil de la blusa de Andrea, las uñas color violeta de Mireya, un desfile de nubes sobre el horizonte del mar, y otros detalles.)*

–Quisiera preguntarle sobre el sexo en esos años, –arriesgó Marcela, que era psicóloga– si no le parece indiscreto.

–Sí, como no. Podría decir, exagerando un poco, que en el grupo social donde me tocó nacer, el sexo no se había inventado todavía. De allí la facilidad de palabra que adquirimos los de mi generación. Y también facilidad para escribir poemas y cartas, simular estados de ánimo supuestamente interesantes, en fin, todo era necesario para conquistar el alma –y luego el cuerpo, que era nuestro verdadero problema– de las mujeres. Creo que eso explica nuestra buena ortografía, a diferencia de ustedes. Que casi no precisan hablar, y menos escribir; un gesto y ya.

(Las tres chicas, lectoras asiduas de la tradicional sección "Sexo sentido", en un conocido diario cubano, estaban ya más que interesadas y una de ellas, Andrea, se sentía atraída levemente por... ¿un señor de cien años? ¿Sería eso posible? Y pensar que su madre cuestionaba su relación con Pedro Antonio, que solo contaba cuarenta...)

Continuará.

Voto*

Decaer. perder gradualmente fuerza física o moral,
pasar a un estado o situación inferior.
" Su prestigio ha decaído."

La decadencia del imperio norteamericano presenta aspectos verdaderamente patéticos. Señores con cargos importantes mendigando por el mundo un Judas para condenar a un país pequeño por delitos que no ha cometido, valiéndose de trampas y mentiras escandalosas para lograrlo. Lamentable espectáculo, tanto el de EE.UU. como el de Judas. "Mejor le fuera a ese no haber nacido"[8], dijo Jesucristo refriéndose al traidor, y eso que tenía fama de perdonar a todos. También el Dante colocó a los traidores en el peor sector del infierno. Y Judas (el original) se suicidó.

No es frecuente, en estos tiempos, que se suiciden los traidores. Muchos están anestesiados moralmente y conviven, mientras pueden, con el desprecio público, como los Menem, De la Rúa, Cavallo y Castaneda, el nuevo travesti ideológico. En la Argentina algunos ya no pueden salir a la calle y a otros les ocurrirá lo mismo, aquí y en otras partes porque el contagio está a la orden del día y las situaciones se parecen.

Dijo Ricardo Alarcón: "nosotros entendemos por bienestar del pueblo, también a la independencia, a la soberanía y a la dignidad nacional". Y esto es literalmente cierto porque

---

* Este artículo se refiere al voto de condena a Cuba en la Comisión de Derechos Humanos de las Naciones Unidas en Ginebra, propiciado por el gobierno de los Estados Unidos.
8   Mateo 24,26.

la indignidad perjudica la salud, entendida esta en su acepción más amplia. Los médicos y los psicólogos saben que la pérdida de la autoestima disminuye las defensas y abre la puerta a las enfermedades; por el contrario, cuando la autoestima aumenta, se multiplican las fuerzas y crecen la creatividad, la alegría y la fe en el triunfo, en medio de la lucha.

El pueblo argentino repudia mayoritariamente las declaraciones de Duhalde con respecto al voto en Ginebra. Estas declaraciones y su muy probable puesta en práctica pasado mañana nos indignan, y nos avergüenzan ante los cubanos. Se lo queremos decir una vez más, aunque lo sepan.

Muchos aquí se sienten culpables por haber creído en las fábulas de los ladrones que vendieron al país. Imagínense entonces el respeto y la admiración creciente que sentimos por ustedes, un pueblo contemporáneo de sus héroes. Un pueblo inspirado y orientado por ellos.

Nicolás Guillén imaginó a Cuba como una nave, en la bella metáfora que tantos recuerdan: "Bajo el sol que la persigue y el viento que la rechaza, cantando a lágrima viva navega Cuba en su mapa".

Vladimir Maiacovski, como si les hablara a los cubanos de hoy, lo predijo: "Muchos y variados caracoles sucios se pegarán a tus costados".

Cuando sople el viento sobre las cenizas del imperio, con buen rumbo seguirá navegando la hermosa nave. Saludamos desde aquí a su tripulación valiente y a Fidel, el querido comandante, vencedor de todas las tormentas.

Otra vez, gracias

Éramos anoche setecientos argentinos bailando felices, hasta la madrugada. Apenas cabíamos en el gran salón, y en el patio, en las escaleras. Nada de corralito ni de pálidas. Solo salsa y alegría por todas partes bajo las altas copas de los árboles de Belgrano. Encuentro de miradas amigas. Manos fuertes. Risas, abrazos solidarios.

¿Cómo fue posible este júbilo en la Argentina de hoy? Fue posible porque la embajada cubana en la Argentina es territorio cubano. Estábamos realmente en Cuba, celebrando a lo cubano el aniversario de Girón y el triunfo moral en Ginebra.

Poco antes de que la orquesta nos invitara a gozar poniendo a todos los cuerpos en movimiento, sin resistencia posible, (un conjunto cubano, por supuesto), habíamos escuchado el extraordinario discurso de un pionerito de once años y luego las palabras del embajador, –como siempre claro, enérgico y sin refutación posible– recordando a Girón y a los humillados de Ginebra, nuestro gobierno –que nada gobierna– entre otros...

–¿Tú has notado las caras de los cubanos? ¡Las cosas que puede hacer un sistema social con la gente!

–¿Y los negros? No he visto en ninguna parte gente negra tan orgullosa, tan segura de sí misma, tan cálida.

–¿Y los elegantísmos custodios, enamorando argentinas sin poder evitarlo? (¡¡Cómo bailan!!)

¿Dónde más se baila hoy celebrando el orgullo, las conquistas sociales, la dignidad y la muerte heroica? ¿Dónde?

Por varias horas estuvimos todos en Cuba, compartiendo como hermanos, la alegría.

¿Cuándo podrán abrazarse nuestros gobiernos, como nosotros anoche en la embajada, como Fidel con Chávez? Creemos que más temprano que tarde, lo vamos a lograr.

Gracias cubanos por extender hasta aquí, el sur del sur del mundo, su música, su dignidad, su verdad...

Gracias por mandarnos a Alejandro González Galiano como embajador cabal. "El macho cabrío" le decimos algunos aquí por la forma como le cae a los traidores, llamándolos por su nombre en televisión, donde sea.

Imperialistas del amor y de la alegría, otra vez, gracias. Por anoche.

Volver

Me identifico completamente con las reflexiones de
José Alejandro Rodríguez sobre contaminación acústica.
("Pizza con Shaquira", J.R. 27-03-02)

Después del trabajo intenso con los Arquitectos de la Comunidad en Cuba, mi ambición máxima antes de la comida es nadar lentamente, de espaldas, contemplando las hojas de las palmas y el calmado ballet de las auras tiñosas,[9] planeando sobre mi cabeza. Pero en los hoteles en moneda nacional es imposible satisfacer este sencillo deseo porque los parlantes al máximo forman allí una unidad indisoluble con las piscinas, a toda hora de día. Los románticos tríos o el silencio, quedan para los lugares turísticos, como El Patio, frente a la catedral, El Floridita o los hoteles cinco estrellas.

Cultura es también saber estar del modo que uno elija, como la noche aquella al borde de la piscina en el hotel Pernick, en Holguín. Nos reímos como nunca, durante horas, con la mejores anécdotas que escuché en mi vida gracias a que se había cortado a luz. La obscuridad y el silencio propician la conversación en grupo, un placer inalcanzable cuando el nivel de ruido es muy alto.

"A veces, cuando no hay nada lo tenés todo", dice mi hijo Juan cuando vuelve de sus vacaciones en Cabo Polonio, una playa del Uruguay donde no hay televisión, ni electricidad, ni agua corriente. Su visión de "la nada", puede encontrarse en internet: www.triodisenio.com.ar/cabo2002.

---

9 *Auras tiñosas:* cuervos, "en cubano".

Volver

El otro día se rompió mi computadora y me sentí desamparado. *"Mi vida se perdía en un abismo profundo y negro..."*, como dice la canción. ¿Será posible la vida sin microsoft word? ¿Y sin e-mails?, me pregunté, preocupado al descubrir mi adicción.

Sin embargo todo el mundo es adicto a los zapatos, por ejemplo, y nadie se escandaliza por eso. También hay adicciones buenas, como el aerobismo. De todos modos, decidido a luchar contra la dependencia, desempolvé a mi vieja Triumph del año cincuenta. "A diferencia de *la otra*, tu nunca me borraste nada", le dije, acariciando sus teclas redondas. No me contestó, es cierto, pero tampoco intentó intimidarme con alguno de esos odiosos carteles que me estampa *la otra, la última, la maravillosa,* a cada momento: A EFECTUADO UNA OPERACIÓN NO VÁLIDA. EL WWWPHSU BORRARÁ TODO EL PROGRAMA SI NO REEMPLAZA EL DISCO G3H M CON EL MODO YHG65-V8 DENTRO DE LOS PRÓXIMOS 20 SEGUNDOS. ACEPTAR.

De tanto en tanto, es posible volver.

Madres

Acabo de recorrer esta tarde el centro de la ciudad y siento el impulso de transmitirles a mis amigos cubanos algunas pinceladas del 1º de Mayo en Buenos Aires, pero me contengo porque sé que lo verán en televisión y en los periódicos, donde abunda la información sobre la Argentina más veraz, y, sobre todo, más integral que la que se difunde por aquí.

De vuelta en casa, el monitor de "la compu" me mostró las fotos y las crónicas de la celebración en Cuba, la otra cara de la luna. Luego envié a mis amigos el discurso de Fidel con datos y verdades que las comparsas de gobernantes mentirosos no pueden, ni podrán refutar.

Pero lo que sí quiero transmitirles, es el mensaje que acabo de recibir de... Ossanha, quien, en el mundo cotidiano, es mi amiga y colaboradora Victoria Pagani, integrante de un conjunto de baile afro, tan afro que resulta casi increíble que lo integren argentinas blancas como ella y sus amigas.

Cedo el resto del artículo a Victoria:

(Para los/las que no saben, bailamos en el veinticinco aniversario de las Madres de Plaza de Mayo en el salón de su universidad, el lunes pasado.)

Llegué al lugar casi sin ganas de bailar.

En cuanto me puse mi traje de Ossanha ya estaba dando brincos por el aire. Debe haber habido un Exu dando vueltas para que justo alguien se olvide de que nos tocaba entrar en escena, por eso tuve tiempo para ver desde la puerta del gran salón a todas estas mujeres de pañuelo blanco sobre pelo blanco sentadas, sonrientes, recibiendo diplomas las que tienen más de ochenta y noventa (¡!) años; algunas coqueteando con que nunca habían confesado su edad. Cumplían anoche veinticinco años de la lucha más fuerte que puede enfrentar una mujer, la lucha por la esperanza de recuperar a sus hijos que les fueron arrancados. De tanto no saber en qué lugar están ellos, ellas construyeron un lugar, nos dejan una universidad popular, saben que lo que construyeron debe perdurar más allá de ellas, y lo logran cada día. Cuando las vi a todas juntas, sentí que espiaba el concejo de los sabios. Los abuelos de las distintas tribus que se congregan a la noche alrededor del fuego para aconsejarnos sobre lo que los jóvenes no hemos pasado y sobre lo que no debemos pasar nunca más. Son nuestras Nana y nuestras Oxala juntos, las que se encargan de que nuestros muertos puedan descansar en paz a través de la paz y no del odio. A cambio de eso, ellas no descansan nunca. Sabias por transformar el odio y el dolor en creatividad. Sabias por dejar semilla de eso para nosotros. Sabias y hermosas por ser jóvenes de noventa. Cuando sea grande no me va a alcanzar con ser como las viejas de las propagandas, cancheras y con jogging tomando jugo de naranja, también me gustaría llevar esa aura blanca que llevan en la cabeza las madres.

Besos a todos.

Victoria

Excalibur III

Excalibur es un turista capaz de viajar en el tiempo. Actualmente tiene 103 años de edad y escribe desde la ciudad de Mar del Plata, en el año 2034.

–¿Y en qué año naciste tú Mireya?, preguntó Excalibur.

–En el 2014, profesor. Las tres queremos preguntarle tantas cosas que...

–Sí, del pasado, me doy cuenta. Te diré que me molesta un poco. Desde que cumplí los 100 todo el mundo me pregunta por recuerdos, nadie se interesa por mis planes, por mis deseos, o por mi pensamiento actual. Me consideran una especie de grabadora del siglo, que puede sintonizarse a voluntad en épocas o en acontecimientos pasados. Sé lo que están pensando –continuó Excalibur, ante el silencio de las tres jóvenes– cuántos años más se pensará este que va a vivir. Pues sepan que los sueños y los pensamientos no son como las tareas para el hogar que deben hacerse enseguida. Los sueños y las ideas pueden flotar en el tiempo, inspirar a muchos, emocionarnos, divertirnos, mantenernos en marcha, con ganas de vivir. En realidad eso es lo que somos: emoción, sueños y pensamientos, no un puñado de músculos. A propósito de músculos, las invito a trotar un poco chapoteando en la orilla del mar, agregó, contradiciéndose, en cierto modo.

Los pies descalzos de Excalibur, nervudos como las raíces de un árbol, se lanzaron sobre las huellas tenues de las gaviotas mientras las tres chicas se descalzaban para acompañarlo. El cielo enrojecía de a poco insinuando el estallido de un atardecer memorable.

–Imaginemos ahora que corremos hacia esa nube, escuchando el mar, sin hablar –dijo Excalibur que hablaba sin cesar desde hacía un buen rato.

Y así ocurrió hasta que la primera estrella marcó el final de aquella pausada exhibición de Dios sobre las infinitas gamas del amarillo, del naranja, del rojo, del azul y el violeta; el atardecer número 37.000 (aproximadamente) en la intensa vida de Excalibur. "Es una lástima que me haya perdido alguno que otro, dijo. Un atardecer tiene menos prensa que el paso del famoso cometa Halley, pero es mucho más atractivo."

Plegando deliciosamente las piernas bajo sí misma, como solo saben hacerlo las mujeres, Mireya cedió ante Excalibur: "Está bien profesor, no le preguntaremos por el pasado. Díganos qué piensa ahora".

Me vino a la mente un poema que me vendió por un peso un señor viejo en un subterráneo de Buenos Aires, hace más de treinta años. Apenas recuerdo la frase "una mañana gris de mayo". (Fíjense, estamos en mayo) y el final:

Es menester que vuelvas.
Retrocede tan atrás como tu infancia.
Que empuñes nuevamente tus banderas
recuperando el ritmo de tu sangre.
Partiendo de un hachazo los relojes:
¡que salten sus piezas por el aire!
Sentado en derredor de las fogatas
busca amaneceres en las playas.

Los cuatro, en silencio, perdían sus miradas en el mar bajo un cielo no muy negro porque asomaba la luna, desde el este. Los pequeños pies de Andrea urdían la arena húmeda.

Continuará.

Caras

Las fachadas de las viviendas individuales expresan a las familias que las habitan tanto como la cara revela el interior de una persona. "Somos religiosos", "somos originales", "somos tradicionalistas", dicen los adornos exteriores, los materiales y las formas.

Recorriendo una ciudad, aun ignorando el idioma local, puede leerse en ella, como en un libro, los rasgos principales de su estructura social pasada y presente, sobre todo cuando se observa la interacción entre los escenarios y las escenas. En Cuba –para citar un país verdaderamente atípico en el mundo de hoy– hay cuarteles con huellas de balas (el pasado) convertidos en escuelas; las puertas de las municipalidades están abiertas de par en par, los desfiles militares terminan con la gente trepada a los tanques, mezclándose con los soldados y no se ven por ninguna parte policías blindados, ni vallas de acero rodeando el Congreso, como en la Argentina de hoy.

Ante cualquier valla, en cualquier ciudad del mundo, es bueno preguntarse qué hay a un lado y al otro para comprender su significado, porque existen también vallas lógicas, no violentas.

En la Argentina la gente rompe las fachadas de los bancos –bellas, valiosas, no les importa– porque lo que quieren romper en realidad es la cara de sus dueños, que están escondidos. La indignación es contra la injusticia y también contra la hipocresía, ya que los bancos ("de Boston", "de Galicia", etcétera) eran falsamente extranjeros pues, –ahora

se descubre– no tenían el respaldo de nadie. Son, en realidad, escenografías.

¿Qué es hoy la sala del hospital donde juzgaron a Fidel después del Moncada y qué era para él entonces ese mismo lugar? ¿Qué fue para los enfermos, los pocos, los menos, que pudieron curarse allí? Por suerte, los edificios pueden ser resignificados. Y eso es lo que importa: su significado. El día que el poder cambie de manos, los bancos argentinos podrán ser los mismos, pero serán distintos.

Excalibur recuerda

En el año 2034, estimulado por la curiosidad de sus jóvenes amigas, Excalibur –turista del tiempo– recuerda el inicio del milenio.

Fueron los años finales de aquel sistema perverso. El *in crescendo* de las crisis locales (Tequila, Malasia, Argentina) culminó con el derrumbe de la bolsa de los EE.UU. y su incontenible efecto dominó. La caída de los valores contables arrastró a los otros, en los que ya nadie creía.

Lo más interesante –y emocionante– de esos años, fue sin duda la lucha de Cuba contra aquel Nerón redivivo, jefe del imperio durante aquellos años.

–¿Cómo era que se llamaba? –preguntó Andrea.

–¡Bush, Andrea, Bush!, pero los cubanos le decían "Doblevé", porque era doblemente ignorante, doblemente bruto, y un millón de veces más peligroso que el Nerón original.

Yo estuve en una de esas plazas rebosantes de Cuba. Fidel era la voz de todos, era Martí, era todas las banderas; era –y sigue siendo–, la razón, el valor y la poesía. "Si es necesario –dijo una vez– navegaremos solos en un océano de capitalismo".

A un lado una isla pequeña y su pueblo; al otro, Nerón, poderoso y débil a la vez, dispuesto a incendiarlo todo. Un fenómeno único. Con menos de treinta años de edad, comandante de sí mismo, Fidel desafió al imperio. Él solo. Después un fusil, un puñado de amigos y una idea le bastaron para empezar la lucha desigual y llevarla adelante, sin claudicar jamás.

Como siempre, un poeta lo dice mejor. Escuchen bien, porque pensar también es sentir:

dirán exactamente de fidel
gran conductor el que incendió la historia etcétera
pero el pueblo lo llama el caballo y es cierto
fidel montó sobre fidel un día
se lanzó de cabeza contra el dolor contra la muerte
pero más todavía contra el polvo del alma
la Historia parlará de sus hechos gloriosos
prefiero recordarlo en el rincón del día
en que miró su tierra y dijo soy la tierra
en que miró su pueblo y dijo soy el pueblo
y abolió sus dolores sus sombras sus olvidos
y solo contra el mundo levantó en una estaca
su propio corazón el único que tuvo
lo desplegó en el aire como una gran bandera
como un fuego encendido contra la noche oscura
como un golpe de amor en la cara del miedo
como un hombre que entra temblando en el amor
alzó su corazón lo agitaba en el aire
lo daba de comer de beber de encender
fidel es un país
yo lo vi con oleajes de rostros en su rostro
la Historia arreglará sus cuentas allá ella
pero lo vi cuando subía gente por sus hubiéramos
buenas noches Historia agranda tus portones
entramos con fidel con el caballo.

Juan Gelman

Testimonio

Universidad Nacional de Buenos Aires. Curso de maestría en políticas sociales. Los alumnos son economistas, sociólogos, pedagogos, excepto Nidia que es arquitecta, experta en construcciones de tierra. El profesor acaba de descreer de todas las revoluciones. Nidia pide entonces la palabra, aclara que no desea teorizar sino tan solo dar testimonio de su vida en Santiago de Cuba, más precisamente del barrio donde vivió durante el año 1997, en la calle general Miniet. El mercado, el CDR, las reuniones, el panadero, el balde para bañarse, los viajes en camión, el médico de la familia, la escasez, los inventos, la caldosa, los niños, fueron matizados por el acento correntino de Nidia en un pantallazo breve, rico en imágenes y anécdotas de la vida cotidiana en Cuba que ella compartió durante el período especial. El profesor la invitó entonces a preparar una clase en fecha próxima sobre esa sociedad que todos parecían desconocer, a pesar de que se trataba, nada menos que de un curso de posgrado en políticas sociales.

Consecuencias

Aquí están todos los datos estadísticos a su disposición, dijo Nidia al comenzar su clase. No los leeré. Solo quiero comparar las consecuencias que tuvo sobre la gente el período especial en Cuba con las consecuencias de la actual crisis argentina.

En Cuba las casas estaban despintadas, escaseaba prácticamente todo, desde la posibilidad de hacer una fotocopia, hasta lápices, aceite, gasolina, repuestos de todo tipo, jabón y muchos etcéteras más. Esta escasez alcanzaba a todo el mundo por igual, con mínimas diferencias.

En la Argentina en cambio las consecuencias de la crisis recaen directamente sobre los más débiles. Miles de desamparados en las calles, niños desnutridos, gente comiendo sapos, revolviendo la basura, muertes cotidianas por falta de insumos en los hospitales, desocupación creciente, deserción escolar, venta de niños y de órganos en aumento, horror y violencia, pérdida de la identidad personal. Ni los indios vivieron así, hace seiscientos años. Al mismo tiempo a unos pocos les va cada vez mejor.

Ninguno de estos males existieron en Cuba durante el período especial. *Entiéndase bien, nin-gu-no.* Yo lo viví, lo palpé entre los vecinos. Eso sí, los cubanos no tienen dólares para viajar al extranjero, ni pueden comprarse autos, ni casas lujosas, ni hay "clase política" cobrando cinco mil dólares por mes, algo que alguno que otro desubicado hubiera preferido como opción social ante la escasez.

Los presentes preguntaron a Nidia sobre las políticas sociales en Cuba, y ella respondió con su voz grave y cautivante, sin tecnicismos. Solo quise dar un testimonio, sin teorizar, aclaró.

La calle general Miniet se prolongó esa tarde hasta alcanzar el centro de Buenos Aires como un rayo de luz que no es fácil apagar porque anidó para siempre en el corazón de una mujer.

(Pedido especial de Nidia Marinaro: enviarle cariñosos saludos a todos y a cada uno de los vecinos de la cuadra y en especial a su querida madre cubana, Clara Borrero, Reina Socialista del CDR. En la calle general Miniet 66 A, Santiago de Cuba.)

Contra el destino nadie la talla*

1. **El psicologismo** es un modelo de interpretación de la realidad bastante difundido últimamente en reportajes, editoriales, artículos y libros publicados en la Argentina, el país con más psicología por metro cuadrado del mundo. El concepto central arranca de la pregunta "¿qué nos pasa?" la cual conduce a un erudito y muy adornado lamento masoquista sobre las causas de que seamos poco solidarios, proclives a la corrupción, desarraigados, y muchos deprimentes etcéteras más. Conclusión: *nos pasa lo que nos pasa porque somos como somos.* Este planteo sirve para excluir de los hechos al contexto internacional y, por supuesto, al imperio. Es el fatalismo psicológico en lugar del caduco fatalismo geográfico cubano, inaplicable aquí por razones obvias.

Así que ya lo saben. Además del capitalismo, anarquismo, socialismo y comunismo, existe otra doctrina social, originada en la Argentina, el psicologismo. La nueva doctrina no sirve para gobernar el mundo, ni para mejorarlo; no sirve para nada, en realidad, como no sea para llorar. Pero eso sí, llorar con fundamento teórico, que no es lo mismo que llorar así nomás.

2. La argentinización del problema. Comentarios tales como "esto pasa solamente aquí", "es que el argentino es

---

*   Del tango "Adiós muchachos", (Vedani y Sanders, 1927).

así...", "no sabemos hacer las cosas", más que lamentos son evaluaciones de la realidad que inducen a la resignación y están apoyadas en la ignorancia que imponen los medios.

Abundan los intelectuales que promueven el fatalismo psicológico pero la gente no obedece, sino que lucha, y, además, se está "avivando", como decimos aquí. ¿Cómo explicar la caída inminente de Uruguay, Brasil, Chile y Paraguay? ¿Y las manifestaciones antiglobalización en Europa y en Estados Unidos? ¿Acaso todos ellos padecen nuestro fatalismo de "ser argentinos"?

Más temprano que tarde, el generalizado estallido social que se avecina convertirá en hojarasca el intento efímero de convertir la psicología en un instrumento ideológico al servicio del engaño y de la inacción.

Tiempo para leer

" La enfermedad llegó después de esa noche: una pleuresía a la cual debió los privilegios magníficos de los enfermos graves, derecho de no hablar, de no contestar, de dormir o simular hacerlo."
(El Mal, de François Mauriac.)

Amanecía. Sobre la amplia ventana del cuarto de hotel se iba instalando, gradualmente, el espejo del mar. Las sombras del balcón bajaban por la pared opuesta que, en realidad, ascendía lentamente junto al hotel, a la ciudad entera. Debajo del sol, se desplomaba el mar. Mientras se bañaba, Excalibur recordó de pronto el propósito incumplido de sus breves vacaciones en Mar del Plata: leer en soledad. No era la primera vez que se proponía estar solo pero al rato, atrapado en sus contradicciones, generaba los encuentros.

Cuando cumplí 70 –relató un día en rueda de amigos– me invadió una fuerte ansiedad por todo lo que no había leído y pensado. Aunque mis lecturas no habían sido pocas, solo podía ver la mitad vacía del famoso vaso de los pesimistas. Necesito tiempo para leer, sin obligaciones, solo leer, quiero emborracharme de conocimientos. Pero, ¿cómo librarme del teléfono, de las citas, los reportajes, la agenda?, ¿cómo librarme de mi propia incontinencia docente, aunque sea por un tiempo? Pensé en una cárcel, no demasiado incómoda, claro; pero el costo sería muy alto, sacrificar la libertad, nada menos. Además, –y no era lo de menos– no deseaba cometer ningún delito.

Una información vino en mi ayuda. Por aquel tiempo en la Argentina (corría el año 2002) los condenados mayores de 70 años podían cumplir las penas en prisión domiciliaria. ¿Y qué se entiende por domicilio? ¿Cuáles son sus límites físicos?, le pregunté a un abogado penalista. ¿Incluye el patio de la casa? ¿Un jardín, quizás una hectárea con árboles y piscina? Así era, en efecto. Nada decía la ley sobre la extensión del domicilio-prisión, lo cual acrecentó mi entusiasmo. Podría ser un año completo, quizás dos.

¿Y el delito? ¿Cuál elegir? Un delito jurídico pero no moral, como sería, por ejemplo, robar un banco extranjero en la Argentina y repartir el importe entre los más necesitados, descontando el alquiler de la quinta-prisión, por supuesto.

El plan que llegué a pergeñar –aunque no a cumplir, como se verá más adelante– consistía en un robo cometido por un eficiente equipo de hackers operando desde mi computadora. Si el traspaso de fondos fuera descubierto, ellos quedarían a salvo y yo pasaría a cumplir mi ansiada prisión domiciliaria, sin encuentros ni obligaciones. Sería algo así como un delito ecosistémico.

"Una especie de Robin Hood informático, según voy comprendiendo", acotó alguien.

Ciertamente, aunque sin alcanzar la estética del arquero de Sherwood, qué le vamos a hacer...

Intervino entonces el prestigioso psicólogo y dramaturgo Eduardo Pavlovsky: "Mi estimado Excalibur, ¿no cree usted que a los ciento tres años de edad ya debiera contar con la madurez suficiente para poder organizar su tiempo sin necesidad de recurrir a tales artimañas?"

Es posible. Pero si hubiera adquirido esa madurez quizás no hubiera llegado a los ciento tres. Cuando la fruta está madura, se cae.

Arquitectura y sociedad

Los edificios son algo más que construcción, funcionalidad y estética. Son memoria colectiva y, en algunos casos, símbolos de fracturas sociales.

La Bastilla, el muro de Berlín, las torres gemelas, señalan hitos históricos. Junto a las torres se derrumbaron también los ideales democráticos –o lo que de ellos quedaba– sobre los que se fundaron los Estados Unidos de América, en julio de 1776.

Un caso paradigmático y distinto a los ya citados es el edificio del ex cuartel Moncada, en Santiago de Cuba, convertido en escuela. La fachada, de aspecto militar y con huellas de balas, testimonia una fractura social entre el pasado y el presente, pero esta fractura no es una herida, sino el inicio de una transformación ética. Los patios interiores, antes escenarios de formaciones militares son resignificados diariamente por las risas de los niños. Es el mismo edificio y sin embargo no lo es, porque lo esencial de la arquitectura no son las paredes sino sus vínculos con la vida y con la memoria.

Todos las madrugadas de los 26 de julio, cuando es noche todavía, los escolares teatralizan un asalto al ex cuartel con fusiles y balas de fogueo. Algunos simulan caer muertos o heridos como los héroes de aquella batalla. Sus padres, los vecinos, todos evocan así el asalto encabezado por Fidel en 1953, una derrota convertida en la victoria de la Revolución Cubana, revivida en esa escena inolvidable...

A los arquitectos nos enseñan en la universidad que la fachada debe expresar la función del edificio, pero ¿qué dirían los cubanos si alguien propusiera reformar la fachada del "Centro Escolar 26 de Julio", ex cuartel Moncada, para expresar mejor la función de esa escuela?

En el aniversario número 49 del eterno 26, vaya desde aquí mi cálido saludo a todos los cubanos. Y a Fidel.

Buenos Aires, Corrientes y Esmeralda, "la esquina del tango".
Antes el Teatro Odeón, hoy playa de estacionamiento.
¿Neoliberalismo o estupidez? Ambas cosas.

Los notables

Noticias

Estamos salvados, llegaron "los notables".

Los candidatos a presidente, con cero ideas y cero propuestas, se acusan mutuamente de intentar asesinarse ("magnicidio", lo llamó "Rodríguez Saá , como si él fuera magno.)

Las empresas privatizadas, que tuvieron ganancias excepcionales durante diez años, impondrán a Duhalde un aumento de tarifas. Amenazan con cortes de servicio y despidos masivos.

Ante la proliferación de delincuentes-niños un juez propone disminuir la distancia entre las rejas para que no se escapen.

Un político sugiere convertir las fábricas en cárceles. (¡Sí, leyeron bien!)

El otro país

Mientras esto ocurre en la fachada del país (diarios, radios y TV), nuevas organizaciones populares crecen, se interelacionan, deciden, obtienen logros, toman fábricas abandonadas y las hacen producir organizados en cooperativas donde todos ganan lo mismo y conviven con centros culturales en el mismo espacio; cortan rutas, ocupan bancos y terrenos baldíos. Arman comedores escolares, huertas urbanas, pintan verdades con colores brillantes en muros que nadie ensucia con *grafitti*. Es un cabildo abierto permanente y extendido, menos visible pero mucho mayor que el de 1810.

Asamblea de piqueteros (una de tantas).

Un extenso barrio de viviendas precarias formado en solo dos años sin ayuda oficial. ¡Qué habrían podido hacer con un poco de colaboración y algunos arquitectos!

Van llegando de distintas organizaciones. Asociación de Familiares de Desaparecidos durante "la democracia", Asociación Víctimas de Violencia Policial, Asamblea de San Telmo, de la Matanza, y de otros barrios de Buenos Aires y alrededores. También está presente el cura del lugar.

Cuento unos ochenta, que representan a miles. Se van sentando en tirantes de madera apoyados sobre el piso de tierra. Prohibido sacar fotos, hay acoso policial. Circulan algunos mates. Obreros desocupados, estudiantes, artistas plásticos, Estela, profesora de historia, "Argentina arde", (jóvenes fotógrafos y documentalistas). Al medio, en el piso, un plano improvisado del lugar donde comenzará la manifestación que estamos organizando para el día 26. Una chica anota las decisiones y sus responsables: forma de concentrarse, mural, sonido, antorchas, músicos, radio abierta, placa recordatoria del asesinato reciente de Darío y Maxi en manos de la policía, hace justo un mes. Construyen memoria. La asamblea se realiza en uno de los tantos microemprendimientos del barrio: una fábrica de bloques en plena producción. Faltan algunas chapas en el techo. Tienen también panadería-escuela, (pan a mitad de precio) herrería, taller de costura, comedor popular, fábrica de zapatos (perfectos, ¡a medida!). No hay jefes, solo coordinadores.

Las intervenciones son breves y concretas. En las asambleas políticas todos discursean, buscan la quinta, la sexta pata del gato. Hasta los cubanos caen a veces en la solemnidad de los micrófonos. Aquí todo es concreto. Gestión popular. Autonomía. En cualquier momento empiezan a fabricar lavadoras haciendo renacer la industria nacional, hoy desaparecida. Me encargan un proyecto de comedor popular. ¡Arquitectos de la Comunidad en Buenos Aires! ¡Por fin! Estoy feliz.

En un ómnibus destartalado, volvemos eufóricos.

Estuve en otro país. ¿Acaso no soy un turista?

La radio y la TV repiten la noticia del día: LLEGARON LOS NOTABLES.

Fractura del tiempo

Revelar las nefastas consecuencias del capitalismo en su etapa actual, difundir los poderosos movimientos sociales que crecen día a día y destacar los éxitos del socialismo que la prensa mundial oculta, son parte importante de la batalla de ideas. Creo sin embargo que no deberíamos relegar otros aspectos de la lucha, como sería, por ejemplo, dilucidar los éxitos del enemigo en esta batalla.

Un ejemplo:

Menem

¿No les cuesta creer a los lectores de este diario que Menem, responsable indiscutible del desastre argentino, se presente a elecciones y cuente con tres millones de votantes potenciales (14%)?

Es cierto que sus posibilidades de ganar son casi inexistentes, pero hay gente que lo votaría. ¿Cómo se explica?

Vale la pena desentrañar este mecanismo por el cual muchas víctimas claman por su victimario. Funciona así: "con Menem estábamos mejor", dicen, y es una afirmación objetivamente cierta, siempre y cuando extraigamos de los hechos la secuencia causal. Alguien que se cae de un avión y sufre en el aire un ataque súbito de amnesia percibe sensaciones como en un fotograma, sin pasado ni futuro. Podría pensar: "esto es maravilloso, el aire es fresco, y esa imagen del horizonte es magnífica, me siento un pájaro entre las nubes". ¿Acaso no fue así?, diría el que lo empujó. No tengo nada que ver con lo que pasó después (fue culpa de De la Rúa).

Pues bien, el sistema de desinformación mundial ha logrado una exitosa F.T. (propongo las siglas porque a los cubanos les encantan, y yo me contagié allá) que significa Fractura del Tiempo. Todo el sistema informativo tiende a eso y sería muy interesante comprender en detalle el *modus operandi*, para desarmarlo y ponerlo en evidencia en forma pública y reiterada.

Lo mismo ocurre con los europeos y los inmigrantes. He visto en Italia una prolongada mesa redonda rebosante de expertos durante la cual no se mencionó ni una sola vez el colonialismo ni al África. ¡¡Los odiados inmigrantes surgían de la nada!!

Especialistas "desideologizados"

En el sistema desinformativo mundial impera también otro modelo de fractura conducente a una profundidad puntual característica en el mundo científico, cuando intervienen los especialistas.

Se ha dicho con alguna razón que un especialista es alguien que sabe cada vez más y más de menos y menos, hasta que termina por saberlo todo... de nada. (No se enojen especialistas, no he dicho que todos sean así...)

Mediante este mecanismo el enemigo logró otro éxito: convencer a millones de que la economía es un tema exclusivamente técnico, carente de ideología. "Ideología" equivale a perturbación y es siempre de izquierda, por supuesto. La técnica está avalada por la ciencia, en cambio la ideología es aleatoria. La derecha no padece esa enfermedad. Los "notables" que nos visitaron son "técnicos", hasta tuvieron almuerzos "técnicos"; se supone que tendrán también digestiones "técnicas", siestas "técnicas".

¡Chomsky, Petrás, Osvaldo Martínez, acudid en nuestra ayuda, hagan notas sobre estos temas, desarmemos estas y otras patrañas, una por una, muchas veces!

Gracias.

Llueve

Los sueldos fueron rebajados un 13% (exceptuando los diputados). Se esperan nuevas rebajas. El gobierno los paga en bonos (patacones, cecacor, etcétera). El Banco *de La Nación* no los acepta para pagar la hipoteca de la casa. En la calle se venden a mitad de precio. La gente guardaba la plata en el Banco para protegerse de los ladrones. Ahora nos roba el Banco.

Menem, recién liberado de la cárcel por sus amigos de la Corte Suprema, es recibido por De la Rúa en Casa de Gobierno. Sonrientes, se toman de la mano para la foto.

La policía sigue siendo lo más peligroso que hay en la provincia de Buenos Aires. En todas las comisarías se tortura a los jóvenes con picana eléctrica, sostienen las Madres de Plaza de Mayo. Hay centenares de jóvenes muertos por la policía en circunstancias nada claras. Policías procesados, entre ellos "la banda de los comisarios".

Mar del Plata bate el récord de desocupación: 22,8%. Los diarios la siguen llamando "La ciudad feliz".

El "presidente" –que nada preside– "le pide" a Cavallo que permita a la gente retirar algo más de su dinero para Navidad y Año Nuevo. Cavallo corre a preguntarle al F.M.I..

Eso sí, estamos en democracia, repiten en las radios, en los periódicos y en la TV. ¿Quién lo duda? ¿Acaso no hay elecciones?

Buenos Aires, diciembre de 2001.

Paseando por Corrientes

Sería interesante examinar de qué modo es posible escamotear un concepto dejando solo la cáscara vaciada de contenido y sin que nadie se dé cuenta. Ocurre así con la noción *país*, en la Argentina. Se habla aquí de las provincias como algo que no pertenece a la Nación. El tablero estaría compuesto actualmente por El Fondo, El País y Las Provincias. "Solo falta acordar con las provincias", dicen, o "el problema son las provincias", como si estas fueran una entidad diferente del país.

"Trenes para adentro" y "trenes para afuera", rezan los carteles en la línea de ferrocarril Sarmiento. "Adentro" es Buenos Aires y "afuera", las provincias.

Cada una de ellas funciona como un feudo imperturbable ante gobiernos militares, peronistas o radicales, desde hace décadas, (aunque se llevaban mucho mejor con los militares, por supuesto). En Salta mandan los Romero, en Santiago del Estero los Juárez y en Corrientes los Romero Feris. Estas familias feudales son casi desconocidas en Buenos Aires hasta que un día aparecen en la primera plana por algún escándalo inocultable, como el asesinato de María Soledad en Catamarca (1991) donde estuvo directamente involucrado el gobierno de los Saadi, o la condena al Tato Romero Feris, entre otros. "Estamos en democracia", repiten los periodistas desde 1983, como si todo esto ocurriera en otro planeta.

Menem (La Rioja) fue uno de esos caudillos que con habilidad supo llegar a la presidencia.

El ómnibus –de una empresa perteneciente al Tato Romero Feris– arriba a la estación terminal de Corrientes, también del Tato, como le dicen todos por aquí.

Quedan todavía algunos edificios hermosos en la capital de esta provincia –ex territorio guaraní– recostada sobre el río Paraná a mil kilómetros de Buenos Aires.

Más de la mitad de la población sin trabajo, o casi. Desnutrición infantil, sensación generalizada de melancolía. También protestas, manifestaciones y asambleas populares. En la ciudad, de 600.000 habitantes, no se ven obras en construcción excepto un alto paredón de hormigón armado rematando una esquina curva en la costanera, frente al río. ¿Será un nuevo hospital?, ¿una universidad?, ¿un hotel quizás? Nada de eso. Se trata de la ampliación del casino donde cualquiera puede jugarse su sueldo sin pagar la entrada, que es gratis. En su interior cerrado y con luz eléctrica, el ruido de las máquinas tragamonedas es ensordecedor. Nadie se mira. Nadie habla. Dicen que el casino también es del Tato.

El antiguo edificio del Mercado Central, una manzana completa en el centro de la ciudad, fue demolido recientemente y vallado su perímetro. Algunos arquitectos defensores de la memoria arquitectónica, como Gaby Romero (un Romero bueno), lloraron.

¿Y el Tato? Está preso por corrupción. Difícil sería llamar "celda" a su cómoda residencia en gendarmería, donde concede audiencias y gobierna a través de su mujer, alcalde de Corrientes.

La costanera serpentea suavemente acompañando la ribera del Paraná, que corre más abajo. Pronto estallarán en mil colores los flamboyanes (chivatos les dicen aquí). Las parejas caminan despacito tomadas de la mano, se detienen a tomar mate. Tiene aroma la brisa, en la costa de Corrientes.

Escaramuzas

Las confrontaciones que ocasionalmente sostengo en televisión acerca de Cuba son breves (me cortan enseguida) y de poca profundidad, porque se originan en el desconocimiento antes que en la observación reflexiva. (Ejemplo: "¿Y porqué no hay elecciones?")

Estas escaramuzas, sin embargo, tienen eficacia. Llegan a más gente que un texto largo.

1. Es cierto que el capitalismo ha entrado en descomposición de la cabeza a la cola, ¡pero el socialismo también fracasó!

–*Se olvida de Cuba.*

–*Pero es apenas una islita...*

–*Un biólogo no dejaría de lado las excepciones; el ornitorrinco por ejemplo, (un mamífero que pone huevos), es interesante. Los primeros mamíferos eran muy pequeños y sobrevivieron a los dinosaurios.*

–*No creo que Cuba pueda sobrevivir en el mundo de hoy.*

–*Sin embargo lo que está en descomposición no es Cuba, sino el mundo de hoy.*

2. ¿Y qué me dice de los disidentes?

–*Bueno, en Cuba hay millones, más que en cualquier otra parte, basta con ver las últimas movilizaciones. Es un país poblado por disidentes, en un mundo poblado por obedientes.*

3. ¿Cómo puede haber democracia con un solo partido?

–*Siendo usted religioso sería mejor que le responda Jesu-cristo, personalmente. Él dijo: "Pues si un reino se divide en partidos contrarios es imposible que subsista tal reino. Y si una casa está desunida en contrarios partidos la tal casa no puede quedar en pie" (San Marcos II, 22 Cap. 3).*

4. Más sobre disidentes

Respuesta de Roberto Fernández Retamar en una radio, durante una de sus visitas a la Argentina:

–*Tengo la mejor opinión de los disidentes,* –respondió–, *empezando por el propio Fidel Castro, quien renunció a su fácil destino de abogado rico para encabezar una formida-ble disidencia con el imperio más poderoso de la historia, ante el que se bajan los pantalones casi todos los gobernan-tes del mundo.*

Frente al desconcierto del periodista, Roberto agregó:

–*No me estará hablando usted de los balseros, supongo...*

Libertad de prensa

Los medios mienten con solo ocultar la mitad de la información (caso balseros, por ejemplo. Nadie conoce aquí la Ley de Ajuste). La mitad de la verdad es una mentira, de allí el clásico juramento de los testigos: "¿jura decir *toda* la verdad y nada más que la verdad?"

Otra táctica consiste en ignorar por completo hechos tremendos, como los atentados terroristas cometidos por el gobierno norteamericano en Cuba. Lograron también hacer desaparecer del conocimiento público continentes enteros, como África. "África no existe", declaró una vez el ex canciller argentino Guido Di Tella, el de las relaciones carnales, muerto en el incumplimiento del deber.

Una escuela distinta

La "Casa de Unidad y Resistencia Popular de Lomas de Zamora", funciona en un cálido local donde un grupo de vecinos, sin banderías políticas, se reúne para debatir, conocerse y resistir, como lo indica su nombre.

Los viernes tienen invitados especiales. Esta vez fueron cuatro jóvenes argentinos que estudian medicina en la Escuela Latinoamericana de Ciencias Médicas de Cuba y están en Buenos Aires de vacaciones, para visitar a sus padres. Se había anunciado también mi conferencia, pero sugerí reemplazarla por un reportaje a los chicos (¡al fin y al cabo tengo ya mi carnet de la FELAP (Federación Latinoamericana de Periodistas), con foto y todo!).

−*Daniela, ¿qué fue lo que más te sorprendió en esa Facultad?*

−*La relación con los profesores. Es increíble ver a eminencias médicas con reconocimiento internacional, comiendo con nosotros y con los trabajadores, todos juntos. Se aprende mejor cuando uno está relajado y feliz.*

Pronto se generalizó el diálogo con el público, compuesto por unas ciento treinta personas de edades y ocupaciones diversas, incluyendo a desocupados y piqueteros.

¿Compromiso ideológico? No se les exige a los becarios, aunque de hecho muchos lo tienen. Los estudiantes cubanos cursan algunas materias políticas de las que ellos están exentos, lo que, sumado a otras pequeñas ventajas, los pone un poco celosos.

- "Mi paciente". Cada estudiante, supervisado por sus profesores, tiene un paciente a su cargo.

- "Staff-meeting". Lo forman médicos en grupo ampliado frente a casos de diagnóstico incierto. Debaten junto a los estudiantes.

- Medicina en Cuba: el costo per cápita de la salud en Cuba es menor que en Estados Unidos, con resultados muy superiores, por la atención primaria (médico de la familia) donde se resuelve un alto porcentaje de casos.

- Beca y libros: alojamiento, comida y deportes. Cien pesos cubanos por mes para pequeños gastos. Los libros quedan para siguientes camadas (desarrollo sustentable). Nos asombra a todos la formación integral de Daniela, Miriam, Damián y Federico, que responden con solvencia todas las preguntas. Intercambiamos anécdotas y conceptos como, por ejemplo, la importancia de la anamnesis (escucha del paciente), un tema omitido en las facultades de arquitectura y de derecho, donde debería enseñarse también. En la escucha residen la mitad de los diagnósticos acertados.

- Inevitables comparaciones: el 50% de los investigadores de EE.UU. son cerebros robados a Latinoamérica. Mientras Cuba beca a 8000 estudiantes del Tercer Mundo con la condición de que vuelvan a sus países de origen.
  En la Argentina solo el 11% de los estudiantes termina su carrera y demoran el doble.

- ¿Y si quisieran quedarse en Cuba?
  "Volver es para nosotros un compromiso humano", respondió Miriam, "aunque deberemos luchar para conseguir la validez del título (¡...!) en la Argentina. Nuestros padres se organizaron para lograrlo y darán esa pelea en el Congreso".

La solidaridad es contagiosa.

Nosotros y las cosas

" Todo puede resistirse menos la moda", dijo alguien. También son irresistibles los adornos y las pinturas para las mujeres de todas las épocas, negras y blancas, flacas y gorditas, bondadosas o malvadas.

Pero hay modas y modas. Están, por un lado, los maravillosos inventos de las cubanas en período especial –descriptos con gracia por Alina Perera Robbio[10]–, como las coloridas pulseras hechas con mangos de cepillos dentales retorcidos al calor, y por otro lado, el consumo de "productos-status". A los que ha debido renunciar el sector de la clase media argentina que aun flota (flotamos) por encima del nivel de pobreza.

El valor de estos últimos productos, convertidos en metas durante la década "pre-corralito", reside en que otorgan identidad a sus dueños. La publicidad ni siquiera menciona las cualidades del auto, del reloj (Rolex) o del pantalón-status, sino su carácter de *signo*. Renunciar a ellos, o al teléfono celular, ha producido en mucha gente depresiones psíquicas completamente desproporcionadas con esas privaciones, según revelan estudios psicológicos publicados en Buenos Aires. Hay casos patéticos, como aquel señor a quien, luego de ser atropellado por un auto, se le encontró un teléfono celular de juguete, que simulaba utilizar cuando se accidentó. Todo sea por mantener "la imagen". ¡Qué distancia con los "objetos-puente" evocados por Alina, como la sartén (¡prestada!) que se lleva a Europa una señora cubana! Ella seguía siendo ella, con la sartén... o sin ella.

---

10 "¡Ay! Costumbres, costumbres", J.R. (18-08-02). Una nota imperdible.

Consumo y consumismo

El consumo es una necesidad que, partiendo del oxígeno y los alimentos, incluye los adornos y los colores impuestos por la moda y por el deseo de agradar y de agradarse. No todo lo que consumimos los humanos es estrictamente *necesario*, (el ron o el café, por ejemplo, no lo son) pero convengamos en que el *consumismo* es algo distinto, tanto, que es posible llegar a depositar nada menos que la propia identidad en simples objetos. *Soy lo que tengo. Si no tengo, no soy.* Es grave la pérdida de identidad. Sin identidad la vida es una mera cuestión química o una "imagen", sin nada adentro.

Otro aspecto del consumismo es la superabundancia de oferta. Ochocientas marcas de relojes, kilómetros de desodorantes, miles de medicamentos iguales. En un primer momento, estas vidrieras rebosantes pueden parecer el paraíso a quienes han sufrido privaciones, pero no es así.

Por mi parte, sigo afeitándome con jabón, tres pantalones me bastan y puedo entrar a un shopping de tres pisos por una punta y salir por la otra sin desear, sinceramente, nada.

Eso sí, que no me toquen la computadora. No podría, en este momento, hacer un puente contigo. Y lo que importa son los puentes.

Argentina arde

Manifestaciones, fábricas quebradas y reabiertas por sus trabajadores, asambleas barriales que se unifican, sin políticos
a la vista, piqueteros y cortes de ruta. Crece, además, un movimiento cultural poderoso, alegre y autónomo. ¿Alegre con
ocho millones de indigentes y 18 millones de desocupados?
"Alegre rebeldía" se llama la murga juvenil del "M.T.D.[11] de
Solano, "que viene alegrando los corazones, cantando nuestros sueños y nuestra lucha".

Ciento cincuenta espectáculos teatrales simultáneos, solo
en Buenos Aires; intervenciones originales, como esa pareja
enfundada en bolsas de basura que se mete en el vagón del
subte gritándose de una punta a la otra, "me voy del país,
aquí les dejo a mi hija, no la puedo mantener" (una bolsa si-
mulando un bebé). Los pasajeros intercambian sonrisas
cómplices. Nos comunicamos. Está empezando a romperse
la famosa incomunicación porteña.

Domingo, Feria de Mataderos. Cuadras y cuadras llenas
de gente, bailes y espectáculos populares. El teatro ambu-
lante de Fernando Rubio (26 años), entrada "a la gorra"
(contribución voluntaria), como casi todo por aquí. Son cinco pequeñas cabinas de lona, sobre el césped, con un actor
y un espectador en cada una, sentados frente a frente, durante quince minutos... "Se lo llevaron todo, el vivero, a mi
madre... Todo. Y hacía mucho frío". El actor me mira fija-

---

11 Movimiento por Trabajo, Dignidad y Cambio Social.

mente a los ojos. Es una sensación nueva. Metáforas emocionantes, que me conmueven. Teatro popular "uno a uno". Sí, solo uno, como Elián, como los médicos, como el Arquitecto de la Comunidad en Cuba, cara a cara con su cliente; individual y social a la vez.

Todo sucede en un solo domingo, que es también la última jornada del Foro Social. Carpas, músicos, kioscos con innumerables folletos, cine insurgente, fotos extraordinarias de hogueras, miradas profundas, la vida asomando del pasamontañas. Seiscientas organizaciones. Los yanquis que mandan armas, "técnicos", el ALCA. ¿Y la deuda? Somos acreedores, no deudores. Acreedores de lo que nos robaron durante quinientos años, el oro y la vida de tantos. Pero la esperanza no.

"Lucha, elaboración colectiva y acción directa" son las consignas unificadoras. El pueblo hace política y ocupa los lugares públicos, como nunca antes.

"Argentina arde" es el titular de un periódico, "una sombra ya pronto serás", el subtítulo, con una foto blanco y negro de largas sombras proyectadas por un escuadrón policial a contraluz.

Periódico *El Pikete*. Extraigo dos estrofas de un poema dedicado a Darío Santillán y a Maximiliano Kosteki, asesinados por la policía hace dos meses:

...
Bajo la sombra del mundo
brilla el fogón del piquete,
entre los hombres que aguardan
el pan que nunca amanece.
...
Aunque los aceche la muerte,
ni el sicario lo detiene.
los que cayeron avanzan
en otros que le suceden.

¡Cuidaos de los supertécnicos!

Que uno de esos economistas "técnicos" formados en Harvard, relacione la economía con la cultura, sería más que sorprendente. Sin embargo, nada hay tan económico como la cultura.

En estos días se anuncia en la Argentina la construcción de nuevas cárceles, tantas como para duplicar la capacidad actual, cada día más insuficiente. Mientras tanto los cubanos concluyen, en tiempo récord, la reparación, ampliación y construcción de 779 escuelas primarias y secundarias, valuadas en dos mil millones de dólares y dotadas, en su totalidad, de televisión y computadoras. Dentro de una semana todas las escuelas del país estarán listas para el inicio de las clases, a razón de veinte alumnos por aula con cinco mil nuevos maestros.

¿Cuánto dinero en cárceles, cuántos crímenes, cuántas muertes, cuántos heridos, cuántos gastos de todo tipo, y sobre todo, cuánto dolor humano se economiza por cada escuela que se construye? Esa es una buena pregunta. ¿Podría plantearse esta ecuación en términos numéricos, señores economistas? Seguramente sí. ¿Acaso no es posible convertir en números binarios, mediante la digitalización, algo tan sutil como un poema, una imagen, la música y la voz humana?

Nuestros muy "técnicos" ministros de economía consideran la educación y la investigación científica como gastos siempre relegados, no como inversiones. Es famoso por aquí el "pensamiento" del supertécnico Domingo Cavallo quien, refiriéndose a los investigadores científicos, dijo: "que vayan a lavar los platos, en lugar de gastar dinero del presupuesto".

La casa

Sin las dosis tan altas de ignorancia y desinformación inculcadas a la fuerza por el poder mediático, los pueblos no hubieran "comprado" jamás una creencia tan increíble –valga la paradoja– como lo es abrir todas las puertas y ventanas de nuestra casa para que cruce el viento y entre cualquiera para llevarse lo que quiera. Esa fue la creencia más costosa de todas las que ha compartido la humanidad, la que ha causado más daño.

"No hay más Argentina, solo hay argentinos. No hay más España, solo españoles", dice Alain Touraine, el sociólogo francés.

No es arbitrario relacionar la casa con la economía, un término que deriva precisamente de la palabra "casa" (*oikos*, en griego), y "ordenar" (*nomos*). "Economía", entonces, significa *distribuir la casa con acierto*.

"La casa del hombre –dijo Alejandro González Galiano, nuestro querido embajador cubano en la Argentina– es también su patria, su continente. Desafortunadamente hay pueblos que están perdiendo su patria porque pierden su casa. Por fortuna tenemos arquitectos que siguen construyendo casas para que sigamos teniendo patria".[12]

Y para poder hacerlo, sujetando entre todos el timón en un rumbo que valga la pena, lo primero es la cultura.

---

12 Palabras pronunciadas en Buenos Aires (29-08-02) como cierre de la presentación de mi libro *Arquitectos de la Comunidad* referido al programa cubano del mismo nombre.

El secundario

El maestro mediocre dice.
Un maestro superior demuestra.
Y un verdadero maestro inspira.

Bien mala es la enseñanza secundaria en todo el mundo y muy bueno, por cierto, el plan cubano para mejorarla, empezando por los fundamentos y propuestas del curso de Formación Emergente de Profesores de Secundaria, recientemente inaugurado por Fidel.

Seguramente este curso –que no conozco en detalle– incluye el reemplazo del enfoque enciclopedista y clasificatorio que predomina en las materias. La primera ilustración de una historieta de Quino, el autor de Mafalda, muestra a un profesor frente a un complicadísimo cuadro sinóptico, sobre botánica. En el segundo dibujo, detrás del profesor, se observa un maravilloso bosque, que nadie mira.

Los estudiantes aprenden conjugaciones de verbos, análisis lógico, etcétera, pero no redactan bien, tienen faltas de ortografía y la comprensión de textos es deficitaria. ¿Para qué sirvieron las infinitas clasificaciones gramaticales? Para nada.

Esta aburrida forma de encarar el aprendizaje, provoca apatía en los alumnos. La palabra "estudiar" se convierte en sinónimo de "aburrimiento", palabra que tiene la misma raíz que "aborrecer" (no, no puedo... ¡¡tengo que estudiar!!) cuando debería evocar el goce de *des-cubrir*, el placer de pensar, es decir, de relacionar temas aparentemente inconexos, pertenecientes a materias distintas.

Un buen profesor es fundamentalmente un provocador, capaz de despertar la creatividad y las ansias de saber que acompañarán a una persona durante toda su vida.

En la Argentina tuvieron que implementar el Ciclo Básico Común, de un año de duración, porque los egresados del secundario no contaban con los mínimos conocimientos necesarios para ingresar en cualquiera de las carreras universitarias. Es decir que *doce años* (¡!) de estudio, –contando el primario– a razón de seis horas o más por día habían sido (y son) poco aprovechados. En algunos colegios se incorporan modernas computadoras, pero el enfoque predominante sigue anclado en el siglo XIX.

Siendo profesor de la universidad, una de las preguntas que hacíamos a los ingresantes, consistía en dibujar de memoria un mapamundi aproximado. Me acuerdo que Australia navegaba por el mapa, ocupando casi todos los rincones del planeta.

Si seguimos tirando del ovillo y llegamos a la Universidad, nos encontraremos también con sorpresas. En las facultades de arquitectura de todo el mundo, por ejemplo, no se estudian reformas de casitas comunes. Jamás entró allí ningún cliente vivo y todavía se habla de vivienda tipo, como si existiera la familia tipo. Solo se estudian dibujos y algo de construcción, que suele ser confundida con la arquitectura, como si la industria editorial fuera lo mismo que la literatura.

Hay excepciones, pero son muy pocas. La Revolución no ha llegado, todavía, hasta allí.

¿Un arquitecto?...
¿Para qué?

Una persona considerada culta, difícilmente se atreva a confesar algo como "yo de literatura no entiendo nada" o "no sé nada de Historia". Sin embargo es muy frecuente escuchar decir "yo de arquitectura no entiendo nada", siendo la arquitectura el escenario primordial de nuestra existencia en el espacio, como la historia lo es en el tiempo. En ambas dimensiones transcurre la vida.

Todo el mundo sabe cómo puede ayudarnos un médico o un abogado, pero un arquitecto... ¿qué es, en realidad?

Estas son las opiniones más difundidas en cualquier parte del mundo:

¿Usted llamaría a un arquitecto para reformar su casa?

- ◆ Yo no necesito arquitecto... "El planito" es lo de menos. Con un albañil me basta, déjeme de arquitectos, mi casa me la hice yo.
- ◆ A mí nadie va a decirme cómo debo vivir, por más arquitecto que sea.
- ◆ El arquitecto está para cosas grandes.
- ◆ Lo necesito solamente para aprobar el plano municipal.

"¿Y por qué no estudió un poco más y se recibió de ingeniero?" es una pregunta que los arquitectos escuchamos con frecuencia.

Reformas

Las reformas y las casas nuevas que el pueblo emprende por su cuenta, constituyen un volumen constructivo aproximadamente igual a la suma de todas las construcciones restantes y son encaradas sin intervención de arquitectos en un 95% de los casos, según una estadística reciente de la Sociedad de Arquitectos del Uruguay, generalizable a otros países, con pocas variaciones.

El 70% de las casas se reforman o crecen. Es notable la cantidad de errores de todo tipo que podrían ser evitados con la intervención de arquitectos debidamente entrenados en la atención a familias diversas (todas los son), un tema que no se estudia en las facultades de arquitectura. De hecho, en muchos casos, una vivienda puede crecer sin agregarle nada y sin achicar los ambientes –aunque tal cosa parezca un absurdo geométrico– economizando dinero y materiales. El pensamiento previo a la construcción es lo más económico que hay y lo que más se descuida.

El Programa de Arquitectos de la Comunidad en Cuba[13], primero en su género, contribuye a revertir esta situación atendiendo a unas 45.000 familias al año, una por una, cara a cara, como lo hacen los médicos.

Sin embargo, a mi juicio, este magnífico programa corre el riesgo de apagarse gradualmente si no se reforman las fábricas de arquitectos, donde se los sigue preparando para grandes obras y no para escuchar y atender a la población, que es la principal demanda social en todas partes.

Existen buenos profesores, pero no son ellos quienes marcan la impronta, sino el paradigma institucional heredado.

---

13 Como se sabe, los clientes no empiezan por encargar un proyecto. Lo traen.

¿Un arquitecto?...
¿Para qué? II

" Para hacer cosas grandes"
es lo que piensa la gente.

Y así fue, realmente, durante cinco mil años. Desde el inicio de las civilizaciones conocidas, los arquitectos atendieron Príncipes y Papas, para quienes construyeron palacios y tumbas. El pueblo hizo sus casas por la suya, empleando materiales y formas adecuadas a su vida, a sus economías y a sus lugares geográficos. Árabes, esquimales, griegos y romanos, nunca precisaron arquitectos para pensar sus viviendas en ninguna época anterior a la revolución industrial, del mismo modo que tampoco necesitaron cocineros.

La cocina popular sigue manejándose por tradición oral, pero las viviendas, en cambio, sufrieron fuertes modificaciones. Surgió la tecnología, el confort, la higiene y la vivienda en altura. Las ciudades crecieron vertiginosamente, la tierra y los materiales se convirtieron en mercancía, y se planteó por primera vez la "cuestión de la vivienda" como la denominó Engels.

Vivienda tipo

Estos cambios quebraron los modelos tradicionales de vivienda. Se hizo necesaria entonces la ayuda de algún profesional de nuevo cuño para asesorar a la gente, no solo en la construcción y transformación de su hábitat familiar, sino también en el pensamiento previo a esas intervenciones. Pero las Facultades de Arquitectura de todo el mundo no registraron esta demanda nueva y siguen preparando profesionales para atender Papas y Príncipes, sustituidos ahora por edificios de oficinas, hoteles, hospitales, museos y también casas de ricos, es decir, "cosas grandes", como acertadamente cree el pueblo.

Para la clase popular se destinó la "vivienda social" que debía ser "mínima" y, además, *uni-forme*, "vivienda tipo", un error en el que cayeron tanto los países socialistas como los capitalistas en la segunda posguerra mundial.

Las familias no son iguales y, además, van cambiando; también sus casas. Se incorporan talleres, abuelos, hijos, autos, motos, bicicletas, huertas, necesarios portales para jugar al dominó, que no deberían ser iguales cuando están orientados al oeste que al norte, o al sur, según el hemisferio. ¿Cómo es posible proponer una vivienda para 4,3 habitantes promedio por familia, ubicable en cualquier parte? ¿Alguien vio, alguna vez a un "punto tres" corriendo por el patio? Nadie vive en los promedios. El promedio (de estatura, de ingreso, de lo que sea) está deshabitado. Hace falta atender cada caso, uno por uno, previendo el crecimiento futuro.

Pero... ¿y los costos?

Pueden ser estándar las vigas, las ventanas, los artefactos, las puertas, los paneles, las chapas (o las tejas) del techo y los revestimientos (con distintos colores), pero no necesariamente la casa entera, del mismo modo que en la literatura son prefabricadas las palabras, pero no los capítulos completos.

La película

Una vivienda no es un objeto sino un proceso que continúa a través del tiempo, a razón de una modificación cada diez años, aproximadamente. Si fotografiáramos todos los meses a cualquier ciudad desde el aire o desde la ventanilla del tren, y pasáramos la película, veríamos crecer escaleras, cuartos, techos, por todas partes. La ciudad moviéndose.

Estas transformaciones, hechas sin intervención de arquitectos en el 95% de los casos, absorben la mitad del volumen constructivo total de un país y conforman, en consecuencia, *el mayor mercado potencial para los arquitectos en todo el mundo.*

Estas reformas periódicas intentan acompañar las modificaciones que se van produciendo en las familias. La vivienda es un traje que envuelve el cuerpo familiar como la ropa envuelve al cuerpo personal, que crece, engorda o enflaquece con el paso del tiempo.

Las situaciones principales en que acuden los clientes a nuestro Consultorio de Arquitectura son estas:

Pareja recién formada: los suegros les regalaron un terreno y apenas cuentan con dinero para una mínima primera etapa de construcción (o se acaban de comprar un PH).

Primer hijo por nacer: falta un cuarto y están a punto de construir en el patio, oscureciendo otros ambientes.

Matrimonio con dos hijos chicos, de distinto sexo, que

comparten un dormitorio: la nena ya tiene seis años, y necesita aislación, al menos visual, con su hermanito varón.

Chicos adolescentes: tanto ellos como sus padres quieren poner distancia.

Madre que se recibe de psicóloga, por ejemplo, y quiere poner su consultorio en la casa.

Hijos que abandonan la casa: los padres tienen 50 años y están sanos y fuertes, con ganas de disfrutar. Duermen en el mismo cuartito de 3 x 3 y se dan cuenta del absurdo. Los otros dormitorios están llenos de cosas inútiles. El cuarto y el baño de servicio, que ya no necesitan, recortan la cocina.

La misma situación anterior, pero quieren construirse una nueva casita lejos de la ciudad, de unos 70 metros cuadrados, quizás tipo loft, con un lugar para "nietos-huéspedes".

Tenemos registradas al menos una docena de familias que nos han consultado por segunda y aun por tercera vez, en alguna de las etapas indicadas más arriba. Nos llaman "nuestros arquitectos de cabecera".

En dos o tres oportunidades se presentaron chicas, con novio, incluido, preguntándome: "¿No te acordás de mí?, soy Mariana, la hija de...". Resultó que Marianita tenía ocho años la última vez que la vi. ¡Como para reconocerla en esa morocha esplendorosa de veinticuatro años, que nos encarga una casa nueva!

El árbol programático

Una de las cuestiones que suele poner en crisis el P.C. (Proyecto del Cliente), es la ausencia de "película" que se verifica en sus propuestas, particularmente en los primeros tres casos de la lista. "Tenemos muy poca plata, –dicen– así que lo único que queremos hacer, por ahora es *esto* (aquí exhiben el P.C. en papel cuadriculado, hecho con birome y últimamente en computadora, fuera de escala).

Cuando les mostramos las distintas ramas probables de su propia película, comprobamos juntos que, al no haber sido previstas, no permitirían ir armando una casa final lógica.

Conclusión importante: *pensar con la pobreza es lo más costoso que hay*. Es mejor suponer que contamos con todos los recursos y luego desde allí, deducir la primera etapa.

Últimamente acompañamos nuestras propuestas con el dibujito de un árbol en cuyas ramas escribimos cosas tales como:

"Año 2008: Andrea tiene 12 años y se muda al ambiente 3. El lavadero queda en su lugar."

"Año 2014: Ezequiel se casó o se fue a vivir solo. Ayelén (son los nombres que tienen últimamente los hijos de nuestros clientes) ya es adolescente. Se muda al cuarto de la mucama (que ya no precisan) con el lavatorio adentro del cuarto, para ampliar la ducha de su nuevo baño privado."

Es decir que *muchas veces no hace falta construir, sino solo resignificar ambientes*, algo que debe preverse de todos modos.

Millones de familias esperan, sin saberlo, a sus arquitectos para economizar dinero y armar mejor sus "películas".

Clientes y arquitectos están allí. Solo hace falta construir puentes.

Dibujo inspirado en una ilustración del libro
"Catálogo de objetos imposibles" de Jacques Carelman.

Eje

Tengo en mis manos el libro *Catálogo de objetos imposibles* de Jacques Carelman, magníficamente ilustrado con toda clase de objetos inventados por el autor, un artista que sabe mezclar el humor con la creatividad como lo hace en "La cafetera para masoquistas" que acompaña esta nota.

El tema viene a cuento a partir del *eje del mal*, recientemente creado por la imaginación de "W" Bush, quien acaba de curvar la línea para que pueda pasar por Cuba. Pero eso no es nada, en los últimos días, el *eje*, fuera de control, giró sorpresivamente sobre sí mismo, clavándose en su propio autor, acusado de complicidad negligente con el terrorismo, por no avisar a tiempo sobre el ataque del once de septiembre. El *primer eje circular del mundo*, digno de figurar en el libro de Carelman, tiende a parecerse a esos laberintos que se forman y se deforman en los protectores de pantalla de las computadoras.

Enredado en su propio invento, "W" reaccionó de inmediato advirtiendo al pueblo norteamericano que en cualquier momento ("hoy, mañana, dentro de dos meses y en cualquier lugar de los Estados Unidos", –según sus palabras–, "puede ocurrir un ataque terrorista biológico, con explosivos y aun nuclear"). De este modo, Bush se cubre de posibles nuevas acusaciones pagando el doble precio del fracaso de su inteligencia militar (dos términos irreconciliables, según Jorge Luis Borges), por un lado, y por el otro el de sumir al pueblo norteamericano en una paranoia generalizada ante un mal que viene de su interior, como el feísimo *Alien,* metáfora perfecta de este horroroso enredo.

Mientras tanto, el dirigente más peligroso de la historia, arrasa con bombas a un país pobre y muy lejano, rebautizado por él con el nombre de "Terrorismo".

Últimamente los autores norteamericanos del cine de ficción muestran en sus películas ("Alien I, II, III" y otras) que el mal viene de adentro. Hollywood, en estos casos, parece estar más cerca de la verdad que Washington.

Réquiem

Por *Rosa Miriam Elizalde,*
periodista invitada (a este libro).

Cada vez que el viento soplaba con furia solo dos cosas eran el centro de su atención: la ceiba y el teléfono, por donde llegaban las noticias de Michelle. Alguien, con radio de pilas y vocación de meteorólogo, se encargó de reproducir las informaciones a una nutrida red de amigos aislados del mundo, hasta que pasó el huracán y poco a poco se fue restableciendo el fluido eléctrico. Pero, en realidad, su mayor preocupación era el árbol que había estado en el patio desde siempre, orgullo, rey del vecindario, aun cuando este se quejaba del mar de hojas que alfombraba la calle y los techos de las casas al acercarse el invierno.

Nadie tenía suficiente edad para dar testimonio del nacimiento de la ceiba, y esta había sido el punto de referencia de las fiestas, el diálogo con los santos y el telón de fondo de las fotografías, en una larga cadena que iba de la bisabuela hasta el último recién nacido de su familia. Cuando alguien viajaba, las cartas iban con unas hojitas verdes, primorosamente seleccionadas. Era como decir: estas hojas tienen memoria de ti, se te extraña. Ella lo había hecho una vez, cuando murió la tía y su madre faltó varias semanas en la casa. Recordó que algo así hacen los indios nómadas del Arauca. Al marcharse de las tierras que aman, trenzan sus cestas con juncos de ese lugar. Si el tiempo es de lluvia, las hierbas exhalan el olor que fue suyo meses o años atrás, cuando todavía eran verdes y frescos a la orilla de los arroyuelos.

Por eso, cuando el árbol gemía y agitaba, enloquecido, sus hojas, contra todos los llamados de prudencia, ella se acercaba a la ventana como quien se para al borde de un abismo, e intentaba darle ánimos con la mirada para que soportara al huracán-fuerza-cuatro, como había resistido todas las rachas, las iras y los dolores propios y ajenos en el último siglo.

A veces la ceiba parecía entender y alargaba sus ramas, sus brazos, en dirección a la ventana. Era un gesto casi humano que se quedaba suspendido entre las nubes bajas y el cielo lívido de la tarde, hasta que de repente, el viento dejaba de soplar y se hacía un silencio extraño, vacío, lleno de estremecimientos, de roces, de murmullos de aguas. Ella creía sentir entonces que toda suerte de bichos empezaba a reptar en el patio y que corrían desaforadas las hormigas, e innumerables ojos amarillos, como de niños asustados, sembraban la tierra de lucecitas.

Pero la calma no solo duraba muy poco, sino que cada vez que el aire se paraba en seco, las rachas volvían con más fuerza. Ella se dio cuenta de que la ceiba se iba agotando, como esas mujeres que después de horas de pujar un hijo, se abandonan exhaustas a su suerte. Sintió los nuevos quejidos del árbol y supo que no aguantaría mucho más. Sus ramas estaban caídas y era el tronco, el mismo que nunca había podido abrazar del todo porque sus manos no alcanzaban a tocarse, el que se balanceaba y comenzaba a retorcerse, mientras miles de hojas salían arremolinadas en todas direcciones. "Mujer, cierra la ventana, por Dios", se escuchó en el mismo instante en que un manga de viento, que descolgó en la sala el cuadro de la abuela, finalmente derrumbó la ceiba.

La vio caer con estrépito, oyó cómo se quebraban sus ramas y cómo terminó cediendo con esa larga quejumbre de cosa viva que se extrae, que se descuaja de su profunda raíz terrena. Después sabría que no solo su ceiba murió en el vendaval. Miles de personas perdieron sus casas y hasta la geografía a la que estaban habituadas. "No reconozco donde estoy", decía un viejecillo en la televisión y miraba desconsolado el páramo en el que se habían convertido su vivienda, su jardín, su calle. Un leñador implacable y caprichoso resultó ser este Michelle, parecía confirmar la expresión del hombre, y ella casi logró escuchar los golpes de hacha, secos, crujidores, contra la madera aún caliente, de modo que cuando empezó a salir tímidamente el sol y la gente se asomó a la puerta de su casa o del albergue que le había dado cobija, se encontró un cementerio de árboles que habían hecho estragos en el alumbrado, los bancos de los parques, los techos de los carros...

Pero ahora que todo ha pasado y suena el teléfono que trae noticias esperanzadoras y la Isla retoma su peso sobre las aguas, el recuerdo de la ceiba asesinada por Michelle vuelve con una nostalgia reposada y agradecida.

Ella no olvidará que en el instante del tironazo último, el árbol se desplomó sobre las tendederas en las que se cuelga la ropa recién lavada, en vez de hacerlo sobre la espalda de la casa. Como si lo hubiera elegido, la enorme copa que solía estar cubierta de enredaderas y olorosas resinas, cayó en el lugar en que menos daño podría hacerle a la vecinería que la había mimado y reverenciado siempre. La misma que en el amanecer del lunes, cuando Michelle huía debilitado a las Bahamas, la tendió de un lado a otro de la calle y la lloró como solo se puede llorar a un ser querido.

Andar Buenos Aires

Uno puede ser turista en su propia ciudad con el simple recurso de cambiar la duración, el ángulo o la intencionalidad de la mirada, porque la percepción no se produce desde afuera hacia adentro sino al revés.

En una ocasión se nos ocurrió, con un amigo, embarcarnos en un ómnibus turístico. Elegimos el asiento delantero del piso alto lo que nos permitía ver el desconocido interior de los departamentos del primer piso y extender la vista sin limitaciones hasta el final de la calle, por encima de los techos de todos los vehículos.

Al girar en torno al obelisco una voz en inglés nos explicaba, con un suave tango de fondo, que esos señorcitos que cruzaban varios metros más abajo, alejados y silenciosos, eran "The tipicals porteños". No estaba mal.

Frente al Congreso, nos ofrecimos para fotografiar a un matrimonio de canadienses que luego hizo lo mismo con nosotros, no sin antes descubrir curiosos detalles y ornamentos que no habíamos visto jamás.

La guía, altoparlante en mano, nos conducía hacia la Catedral para visitar la tumba se San Martín, cruzando a pie la Plaza de Mayo cuyas escasas referencias habían obviado nada menos que a las protagonistas principales de ese espacio, las Madres de Plaza de Mayo.

Se lo hice notar.

Eso es política señor; y esto es una excursión turística.

¿Ah, sí? ¿Y San Martín a qué se dedicaba?

Les mostré a los turistas las siluetas de las Madres con sus pañuelos blancos dibujadas en el piso y las vallas policiales en reposo, todo en un dificultoso inglés muy parecido al de Tarzán, intento que mejoró ligeramente con el francés de mi amigo, convertido, a la sazón, en la atracción central de un grupo de francesas que lo filmaban (a él).

Mientras nos encaminábamos todos, alegremente, hacia La Boca, el colorido barrio de los inmigrantes italianos, le devolvimos su rol a la guía apolítica –con las disculpas del caso.

En una tienda de antigüedades marinas quedé atrapado por la historia de dos tacitas que tenían escrita la palabra "Margarita". Es el nombre de un barco que naufragó cerca de Montevideo a principios de siglo, me explicó el vendedor, lo que creí a pie juntillas.

"Te está vendiendo la historia, no la taza", secreteaba mi amigo, pero no me importaba. Mientras regateaba el precio, el sonido urgente del claxon de nuestro ómnibus me trasmitió la angustia repentina de quedar abandonado en esa lejana y turbulenta ciudad del fin del mundo, pero enseguida recordé que mi casa quedaba a diez cuadras. Ya era casi un turista.

¿Un arquitecto?...
¿Para qué? III

Con esta nota me propongo finalizar una serie cuyo objetivo fue construir mejores puentes entre el pueblo y sus arquitectos en relación con el hábitat familiar.

Los clientes precisan de los arquitectos para pensar mejor sus casas y los arquitectos precisamos no solo del dinero para vivir, sino también del placer de sentirnos útiles recibiendo esa mirada y esas palabras que dan sentido a nuestra vida como profesionales: "gracias hermano, a mí no se me había ocurrido, me cambiaste la vida". Como todos los humanos, nosotros nos alimentamos de proteínas y de miradas.

Necesitamos de la técnica, pero no somos esencialmente "técnicos" como se nos denomina burocráticamente, somos artistas a quienes nos llena de satisfacción poner el arte y la técnica al servicio de la vida.

Nuestro aporte principal es pensar con el cliente antes de construir. "El dibujito" no es lo de menos, es un sistema de límites que estructuran mal o bien el devenir de la vida familiar en esa dimensión tan importante como es la casa, una cáscara de la cebolla contenida a su vez por el barrio, el país y nuestro pequeño planeta.

"Yo no preciso un artista sino un constructor que me levante un cuarto en el patio", es posible que piense alguno. Pero la creación no es solo belleza, sino también encontrar la respuesta más inteligente y económica, la que parecía *imposible*, una palabra que deberíamos borrar del diccionario, como lo hizo ya saben ustedes quién, contagiándonos a muchos.

Exhortaciones

La cultura integral debe incluir también a la cultura del hábitat familiar, que es actualmente *la principal demanda* en Cuba, pues en educación, salud, y justicia (¡casi nada!) están a la cabeza en América.

Los materiales son importantísimos, hoy más que nunca después de los ciclones, pero no olvidemos que *crisis es oportunidad.* Las familias cambian y la vivienda dañada –o destruida– es una excelente oportunidad para pensar antes de reparar, aun economizando materiales. El programa cubano Arquitectos de la Comunidad, que tiene ese fin, fue creado y conducido con entusiasmo por el Comandante Jesús Montané Oropesa desde 1994 hasta su muerte, ocurrida el 7 de mayo de 1999. Ha recibido dos importantes premios internacionales, el más reciente en Bruselas, el 7 de octubre de 2002, un orgullo para Cuba que ni siquiera fue mencionado por la prensa.

Los Arquitectos de la Comunidad necesitan ser estimulados públicamente por las autoridades como son estimulados los médicos de familia, ambos dedicados a la atención de las personas, unos en relación con el hábitat y los otros con la salud, dos cuestiones relacionadas entre sí.

Curiosidades

Candidatos argentinos. El más solicitado es Carlos Reute-
mann –actual gobernador de Santa Fe– quien se niega a
aceptar su candidatura. Lo visitan en peregrinación para con-
vencerlo, pero él ni siquiera habla, lo que sugiere una inteligencia estratégicamente ocultada frente a tanta banalidad o
quizás un cerebro blindado del que jamás escapa una idea.
El periodista Quique Pessoa imagina la posibilidad de que
cuando por fin abra la boca, suelte un bramido cósmico.

Seguridad. En plena crisis crece todo lo relacionado con
la seguridad, como las puertas blindadas "Pentágono", una
marca que a esta altura inspira menos confianza que antes.
Tampoco son confiables los 30.000 custodios privados, en
su mayoría ex torturadores sueltos. Más de la mitad no cuentan con la aprobación de las autoridades y están involucra-
dos en los secuestros y robos que se producen en los barrios privados. Dicho en otra forma, los ricos pagan para
que los secuestren.

Candidatos II. Cada uno de los candidatos en "campaña" acusa de mentirosos a los demás, ante lo cual se abren
dos posibilidades:
+ Dicen la verdad.
+ Mienten.
Cualquiera de las dos opciones nos permite deducir que
todos mienten. No obstante, aplicando la lógica estricta, quizás uno solo y nunca más de uno, podría estar diciendo la

verdad, ¿pero cómo acertar, entre tantos mentirosos? Se trataría entonces de un acertijo antes que de una elección. (Espero que no suene demasiado complicado...)

¿Y las ideas? De eso no se habla. Han sido reemplazadas por porcentajes y más porcentajes, encuestas y más encuestas, "imagen" y más "imagen", sin nada del lado de adentro.

Verano. El candidato de la ultraderecha López Murphy invitó en agosto de 2002 a expertos extranjeros para dar seminarios "de verano". Un detalle: en agosto aquí es invierno.

Supremos. Julio Nazareno, presidente de la Corte Suprema de Justicia, tiene cuarenta y cuatro causas en su contra por fallos dolosos y otros delitos. Menem aumentó a nueve el número de miembros (sus amigos, por supuesto) asegurando así su impunidad. Finalmente la Cámara de Diputados aprobó el juicio político a la Corte, pero a último momento, y coimas mediante, el pedido fue rechazado durante una sesión en que algunos diputados dormían, otro ojeaba la sección prostitutas del diario *Clarín* (fue transmitido por TV) y los demás no asistieron.

Frente a casos como este propongo crear una nueva figura jurídica: *mafia estructural*. Acabaría con la ficción: "que resuelva la Justicia". Hubiera sido aplicable en los fallos absolviendo al Ku-klux-klan en Mississippi, y con los cinco patriotas cubanos, entre otros.

Escraches

En relación con la validez moral de los actos de agresión física contra políticos ladrones, banqueros y cómplices, es oportuno recordar un importante antecedente ocurrido en la ciudad de Caná, donde un grupo de comerciantes inescrupulosos fue escrachado y expulsado con violencia del lugar por un prestigioso vecino de la zona llamado Jesús de Nazareth.

Dice la crónica: "Habiendo formado de cuerdas como un azote, los echó a todos del templo, juntamente con las ovejas y bueyes y derramó por el suelo el dinero de los cambistas, derribando las mesas". (San Juan II, vers. 15).

Esta edición de 3.000 ejemplares, se terminó de imprimir
en el mes de noviembre de 2002,
en Cooperativa Chilavert, Chilavert 1136, (C1437HBD)
Buenos Aires, República Argentina